GO HAPPY

仕事と人生を同時に幸せにする
愛され感動コミュニケーション術

株式会社
フューチャーブレーン
代表取締役／CEO
佐藤 剛
GO SATO

はじめに

でも大丈夫。明るい未来は今からつくれます

ノルマがつらい。
仕事が面白くない。
上司のことが、嫌で、嫌で仕方ない。
先輩に気を遣いすぎて疲れる。
今の仕事や職場を好きになれない。
商品を強く勧めたらお客さまに申し訳ない。押し売りのような営業はしたくない。
自分に自信がなくて苦しい。
思い通りにならないことが多くて、明るい将来が見えない。

仕事の面で、このように悩んでいる若い人は多いことでしょう。特に、社会に出て3年目くらいまでの人は、ほぼ全員がこれらの思いに心当たりがあるのではないでしょうか。

本書は、そうした悩みを解決するためのアドバイスのつもりで書きました。主な読者として想定しているのは、就職を控えた学生さんから20代くらいまでの若い皆さんです。

もちろん、30代以上の管理職の方にも読める内容となっていますが、敢《あ》えて「若い皆さんへ」と書いたのは、本書は人生に絶望するほど悩んでいた、かつての自分への手紙でもあるからです。

私は現在、感動サービスをコンセプトとした「株式会社フューチャーブレーン」(2006年創業)という会社を経営しています。

業務内容は、ヘッドスパ専門店やブライダルエステ専門店、ピラティス＆ホットヨガスタジオ(直営13店舗)などの美容ヘルスケア事業と、他社へのコンサルティングです。これまで20万人を超えるお客さまにご来店いただき、大手口コミサイト「ＯｐｅｎＷｏｒｋ」では、美容・エステ・リラクゼーション業界総合評価1位（1290社中・2024年調べ）を、また、全業界総合評価52位（17万7780社中・2024年調べ）を獲得しました。

また、全国ホワイト企業ランキングでは全業界の中で23位（1万2000社中・2022年調べ）となるなど、仲間であり、家族でもあるスタッフの皆さんを大切にする経営をしています。

これも本文で紹介している「売らなくても売れる仕組み作り」に成功したからです。

おかげさまで今は幸せです。

しかし、私には人生を諦めかけたほどの逆境がこれまで3回ほどありました。

人生を三度諦めかけた。でも、乗り越えたから今がある

本書の内容をより深く理解していただくために、まずは私（佐藤剛）のプロフィールと価値観を紹介させてください。

私は1969年、東京に生まれました。

父は大手電機メーカーのサラリーマンをした後にアパレル関連会社を創業し

ました。一方、母は美術大学を卒業した後に、あのマンガの神様・手塚治虫さんの弟子をしていました。マンガ家として大成する夢をもっていましたが、当時はまだ「女性は家庭に入って子育てをするもの」という風潮があり、母は私を妊娠したときに夢を諦めたそうです。

私のこれまでのキャリアは、大手企業に就職、ファッションと美容業界に従事、独立起業して女性活躍を応援することと、振り返ってみれば、両親の存在と影響は非常に大きかったといえそうです。

幼少期のことで思い出すのは、家族で肩を寄せ合って住んでいた、裸電球が揺れる狭い4畳半一間の木造アパートです。

その狭い部屋で、父は1枚のレザー（牛革）を広げながら、「俺は自分で起業して成功する！」と目を輝かせていました。本当にそう言ったかどうか定かではありませんが、とにかく私の記憶の中の父は、自分と家族の将来についてよく話していました。

今思えば、「起業する（自分で行動を起こす）ことが明るい未来を切り拓く」という考えが、そのとき、私の頭に刷り込まれたのでしょう。経営者としての私の原体験です。

父が立ち上げたアパレル関連会社は時代の流れの中、すぐに軌道に乗り、私が小学生のうちに、東京の表参道にオフィスを構えるようになりました。

当時、表参道のケヤキ並木通りでは週末にバザー(今でいうセール)が開かれていて、私も品物を出すのが楽しみでした。そこで商売をする面白さや難しさを感覚的に理解していったように思います。

そういえば、小学生のときには友だちからもらった要らない自転車を転売し、全部で30万円ほど稼いだこともありました。今でいうリサイクルビジネスです。

我ながら良いところに目を付けたと思いますが、しばらくすると「転売して儲けている小学生がいる」と噂になり、それを耳にした校長先生からこっぴどく叱られて、商売は強制終了となりました(今の時代なら、むしろほめられてニュースにもなる話だと思うのですが……)。

更生したいのに更生させてくれない不良仲間たち

それはともかく、私が最初に絶望したのは中学2年生から3年生にかけての頃です。

詳しくは本編(『「言葉の力」を信じる』72頁参照)に書きましたが、当時の私は、以前一緒に悪さをしていた仲間から毎日のように嫌がらせを受けていました。

真面目になろうとしてグループから抜けたところ、不良仲間たちはそれを快く思わなかったのです。

校舎の壁一面には「サトウゴウ死ね!」と書かれ、昼間は毎日のようにケンカを売られました。その一方で、家では毎晩、志望校に行くための勉強を続けました。

それまでは好き放題にやって、周囲に迷惑をかけていたわけですから、完全に自業自得です。

自業自得ではあるのですが、「なぜ更生しようとする人間の足を引っ張るのだろうか?」と、勉強しながら絶望的な気持ちになったのを憶えています。

では、なぜ私は乗り越えることができたのか。

一言でいえば、私の可能性と成長を信じて、温かい言葉をかけてくれた人たちのおかげです。

あまりにも理不尽だった？「首都圏で一番厳しい」上司

2つ目の絶望は、新卒で大手アパレルメーカーに入社したときのことです。私は、「首都圏の部署で一番厳しい」と言われていた上司の下に配属されました。このときは、本当につらかった。

そもそも新入社員は何をしても苦労するものですが、他の同期と比べても私の置かれた立場は酷《ひど》いものでした。一例を挙げれば、私だけが他の社員より3時間も早く倉庫に出社し、百貨店へ配送する商品の品揃えと検品を命じられたことです。

倉庫にある膨大な数の中から商品を揃え、配送トラックが倉庫を出る午前10時30分までに、新人の私がたった一人で業務を終了しなければいけないのです。新宿の某有名百貨店にあった店舗は一日で300万円以上の売上がありましたから、私のミスで商品が届かなくなることなど許されません。絶対にミスができないプレッシャーもあって、毎日疲れ切っていました。

ちなみに、倉庫での仕事は午前中だけですから、午後や夕方、そして夜にはまた別の仕事や指示があります。

他のことは割愛しますが、あまりに理不尽な厳しさに、「どうして自分だけがこんな目に遭わなければいけないのか？」と、毎日上司を呪いたい気持ちでいっぱいでした（笑）。

今思えば、「そこで普通の何倍も厳しく鍛えられたことで今の自分がある」と言えなくもないのですが……当時の私を喩《たと》えるなら、「荒れた海で溺れないようにもがき続ける日々」。追い詰められた自分は感謝するどころではありませんでした。

おかげさまで、その苦境を乗り越えることができたのは、働きやすい環境は自分でつくることを学んだからです。

たとえば、仕事にかかわるすべての人に対して自分から心を開き、感謝し、温かい言葉をかける。そして、自分が困っているときには格好を付けずに相談する……。そうやってふるまっていれば、自分を守れるだけではなく、周りの協力を得られて高いパフォーマンスを発揮できることを知ったのです（『働きやすい環境をつくる』89頁参照）。

父の会社の倒産で一家離散――家族を救うために転職、起業の道へ

3つ目の絶望は、父の会社が倒産したことでした。

このときの混乱と悲しみについては、敢えて書きません。書いたところで、読者の皆さんの参考にはならないと思うからです。

ただ、その後に私がどのように行動して、人生をどう切り拓いていったかは、皆さんが仕事をしていく上でいくらかでも役に立つはずです。

だから、もう少し昔話にお付き合いください。

すべてを失った家族と家業を立て直すために、私は第一志望で入社した大好きな大手アパレルメーカーを辞めて、大手エステサロングループの営業職（歩合制）への転職を余儀なくされました。アパレルの新規ブランドを立ち上げる仕事は楽しかったのですが、もっと多くの収入を得る必要があったのです。

しかし、男性である自分が女性にエステのサービスを売るのは、想像していた以上に大変でした。3カ月は1件も契約できず、その間は給料もゼロです。

いよいよ本当に追い込まれた私は、ある意味で本気になって、いくつかの工

夫をしていきます。

そのときに気付いたことの1つが、「売らずに売る」ことの大切さでした（『絶対に諦めない』154頁参照）。

というのも、当時のエステ業界は、強引な勧誘や押し売り的な営業が横行しており、私は業界に身を置く人間として、それを苦々しく感じていました。

でも、強く押さないと目標数字が達成できない。

でも、お客さまにそうした売り方をしたくない。

でも、お金は稼がなくてはいけない。

そんなジレンマの中で、私は「お客さまから愛されるためのたった1つの秘訣は、商売はひとまず横に置き、相手の幸せだけを考えた方が、逆に成果も出るし、自分もお客さまもハッピーになる」と気付いたのです。

そして、将来自分が会社をつくるときには、「売らずに売る」ことにチャレンジし、美容業界だけではなく、日本の営業を変えていこうと思いました。

なけなしの貯金をはたいて最高級サービスを体験する

18年前、感動サービス開発企業を目指す株式会社フューチャーブレーンを創業する際に、私は「なけなしの貯金」をはたいて東南アジアの高級リゾートへ出かけました。

その後のお金のやり繰りを考えれば、他人からはバカだと思われたかもしれません。

しかし、私は創業する前に、世界のセレブたちが絶賛し感動する最高級のサービスを体験しておきたかった。私がこれからやろうとしているサービスと業態や価格帯は違っても、彼らのサービスから「売らずに売る」ためのヒントが得られるはずだと考えたのです。

さて、ここで皆さんに質問があります。

世界中のセレブが感動するほどのサービスの本質とは何だと思いますか。

極上の料理でしょうか？

感動的に美しい景色でしょうか？

最上級のマナーを身に付けた接客でしょうか？

最高級のベッドや備品でしょうか？

もちろん、結果的にそうなってはいるのですが、その本質は違います。私たちが、一般のお客さまを相手に仕事をするときに真似すべき部分は、別のところにあります。

それは、「人は最高級の品物やサービスに感動するのではなく、自分が望むもの、好きなものが、期待どころか予想を超えて提供されたときに感動する」ということです。

よく考えてみれば、当たり前のことなのです。自分が好きでないものを提供されても、それがどんなに高級品であろうとまったく嬉しくありません。生魚が嫌いな人を、銀座の超高級すし店に連れて行っても喜びませんよね。どんなにお金をかけても、どんなに思いを込めても、相手が喜ばないものを提供したら意味がない。

つまり、「感動サービス」を実現するには、一方通行のサービスではダメであって、まず目の前のお客さまの価値観や背景を知らなければいけないということです。

実際、私が訪れた高級リゾートでは、自分好みの食事やサービスが、これでもかというくらいに絶妙のタイミングで登場しました。

なぜ彼らが私の価値観をそこまで理解しているのか？　その理由を考えたときに思い当たったのが、チェックインの前にそこのスタッフからフランクに話しかけられ、45分くらい談笑したことでした。

その最初のもてなしこそが、「カウンセリング」だったのです。

彼らのサービスがいかに素晴らしかったかは、18年経った今でも、私がこんなふうに感動して、皆さんに伝えていることからでもわかるでしょう。

皆さんも、お金があったら行きたくなりませんか？

他人にこの話をしたくなりませんか？

「売らずに売る」とは、こういうことなのです。

私は、この感動サービスを自分の会社でも実行していこうと改めて誓いました。

「感動サービス」を身に付けることが仕事と人生を楽しくする

なお、この感動サービスの話は、エステサロンの営業や経営だけの話ではありませんよ。

皆さんの仕事やプライベートでの人間関係、そして、人生にも大きくかかわる話です。

この「感動サービス」の考え方を身に付ければ、冒頭にたくさん記した皆さんの悩みはほとんど解決できるのです。

人を感動させようと思えば……自分の考え方や行動のすべてが主体的になります。

相手のことを知り、相手の立場で考えるようになります。

相手を喜ばせることが自分の喜びになり、そのための工夫や努力、勉強を厭《いと》わなくなります。

その結果、周りの人々から感謝され、愛され、応援してもらえるようになるのですから、仕事や人生が楽しくならないはずがありません。

私は、仕事に悩んでいるすべての人に、この考え方を身に付けることをお勧めします。

明るい未来は自分でつくりだそう

もう1つ大事なことを補足します。

本書を若い人に向けて書いた理由は、もっと自由に、失敗を恐れずにチャレンジしてほしいからです。

日本社会には、旧来の慣習や古い考え方がまだまだ残っています。そのため、若い人たちが委縮してしまい、新しいことにチャレンジして成長する機会が奪われているように思います。

また、われわれが仕事をする美容ヘルスケア業界に限らず、経営者が売上を伸ばすことに必死になるあまり、スタッフを働く楽しさから遠ざけている側面もあります。

だからこそ、冒頭に挙げたような声があふれているのでしょう。

私は、自分の会社をつくるにあたって、そうした悪習を変え、スタッフたちに幸せになってもらいたいと考えました。18年間職場環境を整えてサポートしてきたつもりです。

その一方で、若い皆さんも、自分自身をバージョンアップしていく必要があると思っています。自分の人生を生きているのは、あなた自身だからです。

もし今のあなたが、仕事において喜びや楽しさ、面白さを感じていなければ、本書の内容をヒントにして、自分の（心の）器を広げていくことにチャレンジをしてほしいと思います。

もし今のあなたが、つらく、苦しく、すべてを投げ出したい心境であっても……、大丈夫ですよ。人生は悪いことばかり続きません。

大事なのは、考え方をバージョンアップし、行動すること。一度にすべてのことができなくても、今から自分を少しずつ変えていけばいいのです。

若いうち、新人のうちは、できなくて当たり前。わからなくて当たり前です。まず相手の幸せを願って行動していれば（相手HAPPYファースト）、必ず周りがあなたを助けてくれます。

「GO HAPPY!」、そして「DON'T STOP BELIEVIN'!」

あなたが夢や目標、そして幸せを実現していくことを、心より応援しています。

GO HAPPY

仕事と人生を同時に幸せにする
愛され感動コミュニケーション術

目次

第2章 働きやすい環境づくり

第3章 営業・接客の極意

第4章 ありのままでいい

装幀　スーパービックボンバー　前田利博

第1章

GO HAPPY

無敵な人生を送る

★いわゆる成功の大きさとは、人やお客さまからどれだけの数の応援をいただいたかという「応援エネルギー」の大きさです。すごい人をめざすよりも、応援してもらえる人になりましょう。

人から喜ばれる存在になる秘訣は驚くほど簡単である

幸せな人生をつくるための最大のコツは、無用な敵をつくらないことであり、周りを味方にすることです。

このことをわかっていない人は、どんなに能力があり、どんなに努力をしたとしても、成功するには茨《いばら》の道が待っています。なぜなら、周囲から可愛がられていないので、どこかでつまずいたときに助けてもらえないからです。

では、周りの人から応援してもらえるようになるには、どうすればいいのか。

それは人から喜ばれる存在になればいいのです。

その方法は、驚くほどシンプルです。

①笑顔でいること
②良い返事をすること
③人に可愛がられること

たったこれだけです。

一見、こんな簡単なことで？　と驚かれる方もいらっしゃるかもしれません。

しかし、自分が子供の頃――小学生くらいまでの時代を思い出してみてください。


「いってきま～す！」

「おはようございます！」

「ただいま～！」

「いただきます！」

まだ幼いあなたが、明るく、元気に、笑顔で挨拶をするだけで、親御さんや親戚、近所の人たちから喜ばれ、可愛がられ、いろいろ世話を焼いてもらえたはずです。

ところが、中学生になり、高校生になり……と思春期になると、顔を合わせてもロクに挨拶もしない。ぶっきらぼうな返事しかしない。「いただきます」すら言わなかった人もいるかもしれませんね。

ただ、それでも、親以外の周りの大人たちも遠くから優しく見守ってくれたはずです。なぜなら、幼いときの可愛らしさ――つまり、本当のあなたを知っているからです。

では、あなたのことを全く知らない、縁もゆかりもない人が、たとえば、不愛想なあなたとかかわることになったとき、果たして、子供のときと同じように可愛がってくれるでしょうか。

社会に出て、他人の中で働く(生きていく)というのは、そういうことなのです。タレントやインフルエンサーと呼ばれる人たちの多くも、笑顔がチャーミングですよね。返事や受け答えも素晴らしい。

映画やドラマの画面の中では嫌われ者に見える人たちも、実は控室などのバックステージではとても礼儀正しく、挨拶を欠かさないので、周囲から応援され、愛されていることは皆さんも聞いたことがあるのではないでしょうか。

成功の大きさとは、人に応援してもらえたエネルギーの大きさのこと

さて、今のあなたは、子供の頃に当たり前にやっていたことができていますか。出会う人、一人ひとりとの関係を大切にし、敵をつくらないことが、読んで字のごとし――「無敵」な人生をつくります。

笑顔でいるだけでも、自分には敵意がないということの証明につながります。欧米の人たちが見知らぬ人にも目が合うとニコリとほほえむのは、敵意はなくフレンドリーであることを大切にしているサインです。

弊社のスタッフたちも、自分が先輩になったときに、過去の自分の態度を振り返って反省するようです。

何かを教えてあげたときに、

「うん……、うん……」とただ話を聞く人。
「はい、とても勉強になります。ありがとうございます！」と元気に聞く人。

この二人の場合、どちらの方が応援してあげたくなったり、可愛がってあげたいと感じたりするかは明らかでしょう。

要するに、皆さんの聞く姿勢しだいで、先輩から応援してもらえるチャンス、可愛がってもらえるチャンスを何倍にも増やしていけるのです。

同じ能力を持つ人が二人いたときに、挨拶1つでどれほど差がつくことでしょう？　そう考えると、もったいないですよね。実は、挨拶とは自分のためにすることだと考えます。

当たり前のことにこそ、成長と成功の秘訣が隠されていると私は確信しています。無敵な人生を送るとは、人から喜ばれる存在になることです。

「あとほんの少しの差」を埋める

★自分以外のものとの小さな差を「小さな差だからたいした違いはない」と思ったら、あなたの成長は止まります。その小さな差に気付き、流さずできるだけ埋めようとするこだわりを持っていきましょう。

ほんのわずかの差で「2位」だった人の名を憶えている人は少ない

私はこれまで「小さなことに気付く力」を大事にしてきました。

なぜなら、この「微差」が、いつのまにか「大差」になると確信しているからです。

たとえば、日本で一番高い山が「富士山」だということは、日本人なら誰しもがご存じですよね。標高3776mという高さまでも。

では、二番目に高い山はどこでしょう？　正解は山梨県の「北岳」です。もちろん、その高さなどほとんどの人が知らないはずです。

ちなみに、非常に興味深いことですが、富士山と北岳の標高差は、わずか600mほど。わずかの違いで、知名度の差は数十倍、数百倍もあるのです。

・富士山　↓標高3776m。　知名度はほぼ100%でしょう。
・北岳　↓標高3193m。　ほとんど知られていない。

山の場合、その標高差はどうしようもありません。

しかし、人間の場合は、自分の努力で結果を変えられる可能性があります。

スポーツ選手の例がわかりやすいかと思いますが、野球でも、陸上でも、トップの人たちと、2位、3位になる人たちの差は、ごくごくわずかです。

それこそ百分の一、千分の一の世界です。彼らや彼女らは、その差をめぐって激しい競争をしています。

このレベルになると、トレーニングのメニューや食事のメニューなど、細かい部分の研究と努力にどれだけ意識を向けられるかで勝負が決まります。

いいえ、細かい差にこだわることが大事なのは、一般のスポーツ選手でも、高校生の部活でも同じでしょう。

むしろ、一般人のレベルであればあるほど、皆が気付いていない分、その小さな差を埋める努力をすれば、より簡単に勝利できるのではないでしょうか。

その微差を諦め、自分をごまかすようになったら成長は止まる

仕事においても、この微差を追求することこそ、成功への近道だと私は思っています。

一流レストランのシェフもそうですよね。最高の一皿をつくり出すために、最高の食材にこだわります。

その時期に最も理想的な食材を求めて、食材の産地も使う量もその都度変えるのです。それが変われば、もちろん合わせるソースも盛り付けのバランスだって変わってきます。一流のシェフがそうするのは、一見小さく思えるこだわりが、その一皿を最高な一皿にできるかどうかの大きな要因になると知っているからです。

その一方で、「お客さんにはどうせわからない」とその部分の努力を最初から諦めたり、産地を偽装しているようなケースもあるそうです。

しかし、そういう姿勢の人たちは、もう劇的に成長することはないでしょう。

この「微差の追求」を、皆さんのお仕事に置き換えてみてはいかがでしょうか。

自分より、ほんのちょっと上のレベルの人には、どうしたら追いつけるのか？

スポーツ選手やシェフのように、徹底的に研究してみてください。

後に過去を振り返ったとき、自分でも驚くほど成長しているはずです。

一人で振り返りをしない

★真面目なのに同じ失敗を繰り返す人は、自分だけで振り返り（反省）をしているのが原因かもしれません。自分で振り返った後、先輩や知人に相談して他人の視点を入れてみましょう。思いもしなかった気付きがあるはずです。

わかりやすい改善で終わらせず、問題の「本質」を掘り下げる

性格はいたって真面目で、仕事で失敗したときにはきちんと振り返りもおこなっている。それなのに、なぜか同じミスを繰り返す人がいます。

そのたびに上司や先輩から叱られるのもイヤですし、何よりも、せっかくの振り返りが生かされていないのはもったいないですよね。

ここでは私が仕事を通じて身に付けた、「二度と同じ過《あやま》ちを繰り返さなくな

る方法」をお教えしたいと思います。

たとえば、お店に予約されていたお客さまが連絡もなしにキャンセルしてきた場合——。

「なんてひどいお客さんだ。もう来てほしくない！」

この反応がダメなのは、説明しなくてもわかると思います。

「仕方がない」

とそのまま放置してしまうことも論外です。

失敗したことをただただ他人のせいにしても、改善にはつながりません。

では、これはどうでしょうか。

「無断キャンセルを防ぐために、前日に予約確認の連絡を入れよう」

「ご予約時での伝え方を変えよう」

これは良さそうだと思った人は多いのではないでしょうか。何か改善しようと振り返りをする中で、再発防止策も考えています。

しかし、まだ不十分です。

注意を促《うなが》すことで無断キャンセル自体は多少減るかもしれませんが、無断キャンセルを生んでしまう「本当の問題点」を掘り下げていないからです。

たとえば、こういうことは考えられないでしょうか。

・お客さまからのご予約を当たり前と思っている自分がいる（感謝の気持ちが大切）。
・お客さまがなぜ来ようと思ってくださったのかわからないままだったので、来店する価値（ワクワク感など）を伝えられていなかった（ご要望の把握が大切）。

予約確認の連絡を入れることも大事ですが、それに加えて、来店することの価値を十分に伝えることができていれば、お客さまの行動（優先順位）が変わってきますよね。簡単にキャンセルされることはなくなっていきます。

自分だけで「正しい改善」をしていくのは難しい

では、本当の問題点を掘り下げていくには、どうすればいいのでしょうか。

真面目で振り返りはするけれど同じ失敗を繰り返す人は、次のようなステップを踏もうとしています。

【失敗→振り返り→改善→行動】

もちろん、これで正しい改善ができればいいのですが、口で言うほど簡単なことではありません。失敗を自分一人で振り返っているだけでは、目の前に起きている、わかりやすく表面的な問題点ばかりを改善しがちだからです。

大事なのは、次のように、自分で考えた後に、他人に相談してアドバイスをもらうこと、そしてその上で行動していくことです。

【失敗→振り返り→課題・問題点を明確にする→相談してアドバイスをもらう

↓改善↓行動】

他人の目（視点）を入れることで、自分だけでは気が付かなかった本当の問題点を発見できます。相談する相手が、すでにその失敗を経験し、克服している「仕事や人生の先輩」であれば、なおさらです。

そして、このステップを繰り返す（試行錯誤する）ことで、本当の経験やノウハウ、実力が自分の中に蓄えられていくのです。

相談とは、悩みがあるからするのではなく、自分を高め成長させていくために必要な能力のことです。

自分よりも、実績のある方に相談することを大切にしていきましょう。

早く、速く、判断する

★仕事に絶対的な正解はありません。一発で正解が出ることも、1回で完璧なものができあがることもあります。だからこそ、「判断」を速くして改善を繰り返していきましょう。

仕事が「はやい」人は、何が他人よりはやいのか？

仕事においてスピードはとても大事です。そのことは皆さんも聞いたことがあるでしょう。

では、何のスピードが大事なのか考えたことはありますか。

たとえば、こんな方法があります。

①PDCAサイクルを回すスピード

「PDCAサイクル」とは、仕事においてPLAN(計画)→DO(実行)→CHECK(評価)→ACTION(改善)を繰り返していくことです。

②タスクをこなすスピード

たくさんの業務を速く処理することです。

③行動に移すスピード

考えたらすぐに行動に移すことです。

これらはどれも大事なのですが、私が最も重要だと思うものは別にあります。

「判断のスピード」です。

多くの人は、何かを決めるまでの時間が長いのです。

長すぎるといってもいいでしょう。

慎重であることは良いことですし、思慮深いこともけっこうです。しかし、いつまでもグズグズと悩んで行動しないのは、大きなマイナスになります。

なぜなら、成功している人は、他の人が机に座って悩んでいる間に、1つ、2つ、

3つと行動に移し、試行錯誤を繰り返しているからです。

より良い答えを考え続けてまだ何も行動していない人は、今のところ成果は「ゼロ」です。

一方、思いついたことを見切り発車で始めている人は、失敗をしながら欠点をどんどん改善し、成果を出し始めていきます。

たとえば、あなたが職場や店舗を良くするための対策を考えているとしましょう。

×何が正解なのだろう？
×この対策はいったい上手くいくのだろうか？

このように考えることは大事ですが、正解はやってみなければわかりません。

成果がなかなか出ない人と成功者との違いは、「仕事には正解がないことを知っているかどうか」です。

もちろん、より良い答えはあります。これをやったらほぼ失敗するということもあるでしょう。しかし、絶対的な正解・不正解はないのです。

また、頭の中だけで考えたことは、それがどんなに素晴らしいものでも、実際にやっているとシミュレーション通りにはいきません。良くも悪くも想定外の出来事はいくらでも起こりますし、結果も予想通りにはなりません。

正解がないからこそ、「Ｔａｋｅ ａｃｔｉｏｎ！」です。悩む前に行動が先で、まずは試すことが大切です。

試行錯誤を繰り返す中で上手くいったこと・成功したことは継続し、逆に上手くいかなかったらすぐに引いて改善すればいい。判断が早いほど、失敗してもやり直しが早くききます。

その分改善・進化できるチャンスが増えるので、結果的にはクオリティや精度の高い成果が生まれます。

では、どうすれば判断は速くなるのか。

○「早く決断する訓練」を、日常生活の中で行う。要するに、「どうしようかなあ……」と考え過ぎずに、すぐに決めるクセをつけるのです。

○いくら考えても「絶対的な正解はない」ことを理解しておく。

○「こうする」と早く決めたら、行動に移す段階でグズグズせず、自分の仕事

は自分のところで止めない（抱え込まない）。

○まず行動して、失敗したと思ったら、すぐにやり直せばいい。

○何事も、早く決断して、早く行動していればやり直せる。

○失敗を教訓にし、同じ失敗を繰り返さないようにする。

すごく頑張っているのに、イマヒトツ成果につながらない人は、ぜひこの「判断のスピード」を意識してみてください。

自分で目標を決める

★仕事上の責任は果たしつつも、「自分の未来を決めるのは自分だ」という意識を持ち続けましょう。自分の人生は、自分の意思で決めましょう。その上で目標を定め、それをめざすことが大切です。

「目標もノルマも同じだろ？」と思ったときに考えるべきこと

仕事をしている人が苦しむ代表的なものが、会社から与えられる「目標」や「ノルマ」ではないでしょうか。

たとえば、こんなふうに思っている人は多いと思います。

「目標」「ノルマ」がつらい。

やらされている仕事が面白くない。

思い通りにならないことが多くて、明るい将来が見えない。

私も若い頃は会社員でしたから、その気持ちはわからないでもありません。しかし、経営者としてハッキリいえば、目標のない経営や仕事はあり得ません。スタッフたちの生活を守っていくためには、それなりの目標を設定する必要があるからです。

目標が大切なのは、会社で働く一人ひとりのスタッフも同じです。ただ漫然と働くのと、目標を持ち、それを達成するためにどうすべきかを考えながら働くのとでは、成長の度合いも、人生の充実度もまるで違ってきます。

「目標といおうが、ノルマといおうが、やらなければいけないことには変わりないよ」

そんな、やさぐれた声が聞こえてきそうですが、目標とノルマはまったく違います。

より正確にいえば、何としても達成するために努力する点では同じですが、それをどう捉えるかによって、自分に返ってくるものがまったく変わってくるのです。

両者の違いは何となくわかっても、いざ言葉で説明するとなると、少し難しく感じるかもしれませんね。

私はこう考えています。

「目標」とは、自分の未来を自分で決めること………WANT

「ノルマ」とは、自分の未来を他人に決められること……MUST

要するに、主体的か受身かの違いです。「自分の未来は自分で決めて追いかけたい」と考えている人は、自分から目標をつくり、実行していくでしょう。

それは、会社や上司から与えられる「数字」とは別のものです。自分自身で決めた大きな目標があり、その中に会社から期待されているあなたの成長目標が含まれているだけで、その人にとっては「ノルマ」ではないのです。

もし、「会社から指示される目標のクリアに精いっぱいで、自分の大きな目標を立てるどころではない」ということなら、会社から指示される目標とは別の目標を独自につくればいいでしょう。

大事なことは、仕事上の責任は果たしつつも、「決めるべきときに決めなければば他人に自分の未来を決められてしまう。自分の未来を決めるのは自分だ」という意識を持ち続けることです。

他人に自分の未来を決められてしまうことほど、つまらないことはありませんよね。少しずつでもいい、どんなことでもいいから、自分が決めることを増やしていくことが、自分の人生を充実させるコツです。

あなたは、未来の自分がどんな人でありたいですか？

私は、弊社のスタッフと「未来の自分はどんな人でありたいか」というテーマでディスカッションをすることがあります。すると、

「多くの人たちから信頼される人」
「実力を身に付けてどんなときでも必要とされる人」
「周りを明るくできて感動を与えられる人」

という言葉が出てきます。

素晴らしい理想ですし、私もそれを実現するためのサポートは最大限していきたいと思っています。

あなたは、どうでしょうか。未来のあなたは、どんな人になっていたいですか。

そこで、想像してみてください。

その自分の理想像は、他人から与えられたノルマを嫌々こなすことによって達成できるのでしょうか。

違いますよね。

自分が決めた目標でなければ、自分の理想には近づけないはずです。そして、自分が決めた目標でなければモチベーションが続かないはずです。

理想の自分になるにはどうすればよいか

ここまでの話をまとめてみます。たとえば、こうしたことを意識してみましょう。

○すべてのことを自分で決めよう。会社から指示された目標があるのなら、それとは別に「自分基準の目標」をつくろう。

「もっとたくさんやる」と決めてもいいし、「もっと速くやる」でもいい。「1日にこれだけやる」でもいいし、数字の目標達成が厳しければ、「他の人よりも丁寧にやろう」でもいい。とにかく自分で決めることが大事なのです。

〇短期、中期、長期的に分けて、「なりたい自分」を明確にイメージしてふるまう。

今から「そうなった自分」を意識して行動していこう。優しい人になりたいのなら、「優しくふるまう自分なら、どう行動するだろうか?」、あるいは感謝される人になりたいのなら、「目の前の人に感謝されるような自分なら、どう行動するだろうか?」と考えてみよう。

〇憧れの人がいるなら、その人になったつもりで、できるところから真似してみよう。

たとえば、実力を身に付けてどんな人のことも助けられる人になりたければ、身近にいる素晴らしい先輩がどんなふうに行動しているかを観察して見習い、できることから真似していこう。ときには、自分の理想の姿に「なりきる」ことも大切だと思います。

そういう意味では、後ほど記す「仕事とプライベートを完全に分けるのはもったいない」という話も、同じ根っこでつながっています。

理想の自分になるために自分で目標を決めていれば、仕事とプライベートの区別は良い意味でなくなっていきます。

ときには仕事を家に持ち帰ったりすることも、休みの日に勉強することも、ある意味で当たり前の感覚になるのです。

そして、仕事を通じて（活用して）自分のやりたいことを実現していくようになると、すべてが学びであり、すべてが遊びであり、すべてが仕事になるわけです。

ただ、そうはいっても、すぐにこんな境地に至れるわけではありません。

仕事で日々の役割を果たすのが大変なのも事実ですから、ゆっくり、自分と家族・友人を大事にしながら、一歩一歩前に進んでいきましょう。

「呪縛」を解き放つ

★特に若いうちは多少の迷惑をかけてもいい。恥をかいてもいいのです。失敗を恐れずにチャレンジしましょう。チャレンジしたあなたの動機が間違っていなければ、周りが助けてくれるはずです。

「人に迷惑をかけるな」の古い日本の教育に、悪い意味で縛られていませんか？

海外の人と話したり、映画やドラマを観ていたりすると、いつも感じることがあります。

ヘンな上下関係がなく（もちろん仕事上のボスと部下の関係はきちんとしていますが）、素直にありのままの自分で生きている人が多い印象を受けます。自分の意思も明確に主張しますよね。

日本はその反対です。

欧米諸国の人と日本人はなぜ性質が違うのでしょうか。

日本は周りが海に囲まれた島国であり、ヨーロッパのように多くの民族が入って来て、文化的な対立や紛争が起こらなかったためかもしれません。

また、仏教や儒教の影響もあるでしょうし、共同作業が欠かせない稲作を続けてきたという背景もあるのでしょう。

歴史をさかのぼってみると、私は江戸時代くらいから言われ続けている「人に迷惑をかけてはいけない」という道徳観や、「失敗して人前で恥をかきたくない」という意識が大きいのではないかという気がしています。

皆さんも、家庭や学校で「人に迷惑をかけるな」と言われて育った経験はありませんか。

新しいことをすれば8割以上は失敗して当たり前

これは私の勝手な解釈かもしれませんが、徳川家康がつくった江戸幕府が約260年続いた理由も、「民に新しいことをさせない」「上下関係は絶対」「何かあったら共同で責任を負う」という意識を徹底して刷り込むことで、人々の持つチャレンジ精神や創造性、ダイナミックな変革意識を抑え込んだからだと思います。

人は新しいことにチャレンジすると、最初はたいてい失敗しますよね。最初から成功する人はあまりいません。

たとえば、新しいことに10個チャレンジすれば、8個くらいは失敗するわけです。成功率はもっと低いかもしれません。そこで、

×「人には迷惑をかけるな」
×「人前で恥をかくな」
×「ミスを犯したら連帯責任だ」

という教育をされて育ったら、積極的にチャレンジしたり、自分を主張したりする人が少なくなって当然です。

しかし、人はやったことがないことに挑み、失敗を重ねて学ぶことでしか、成長や進歩はできません。

毎日同じことの繰り返しでは、ダイナミックな変革への意欲もなくなっていくでしょう。

これが、江戸時代から伝わる風習であり、島国根性のカラクリなのです。

今は令和6年。明治維新からもう150年以上経っています。

あなたも、この呪縛から自分を解き放ちませんか。日本標準で生きるのではなく、もっと視野を広げ、世界標準で生きてみましょう。

○「人に頼ることを恐れすぎるな」

○「自分の成長のためにもどんどんチャレンジする」

○「学びを得るためにもヘンな遠慮は要らない」

特に若い皆さんは、どんどんチャレンジし、どんどん失敗していいと思います。成長するためにもチャレンジして、人前で一瞬の恥をかきましょう。これを嫌がっていると成長せず、一生の恥になってしまいます。

迷惑をかけることを、必要以上に恐れることはやめましょう。なぜなら、皆さんの未来に期待がかかっているからです。

新しいことをすればどんなに有能な人でも失敗するのは当然です。経験の少ない若い人ならばなおさらです。

その行動が未来に進むチャレンジであれば、そして、お客さまや自分の大切な人たちの幸せを考えた結果であれば、私はある程度人や会社に頼っていいと思います。

ただし、そのためには、事前や途中で上司には小まめに状況の報告と相談することを忘れずに。

黙ってやるのはダメです。途中経過を相談していれば仕事の見える化につながりますし、上司のサポートも受けられます。致命的な失敗は避けられます。

あなたの行動がお客さまや会社のことを考えているものならば、そして、あなたがいるのがちゃんとした会社であれば、失敗の責任は経営者や上司が取ってくれるはずです。

ただし、だからといって、お客さまに迷惑をかけることは避けましょう。

仕事とプライベートも一緒に楽しむ

★「プライベートと仕事を分ける」という考え方は、本当にもったいないと思います。自分の夢を仕事に託せばワクワクは何十倍も大きくなるのですから。

いくら公私を切り分けても「自分」は切り分けられない

最近は、仕事上のコミュニケーション手段が多様化していることや、コロナ禍《か》によってテレワークが当たり前になったこともあり、仕事とプライベートの区別がつきにくい時代にもなっています。

「休みの日まで仕事のように気を張っていたくはない」
「仕事での自分は本当の自分ではない」

このように、プライベートで仕事の話は一切考えたくないという人が増えている一方で、少数ながら(?)、次のように良い意味で両立させつつ人生を楽しんでいる人もいます。

「遊んでいても、散歩していても仕事のヒントが見つかる。遊ぶことが実は自分の成長になると気付くと、遊びがもっと楽しくなる」

こうした公私の切り分けの問題は、職種によっても事情は異なります。どちらが正しいとはいえないのですが、私の考えを申し上げればこうなります。

「休みはきちんととるべきだし、家族や友人との時間も大切にすべきだ。ただし、『プライベートと仕事を分ける』という考え方は、理解できるものの、それは本当にもったいないと思う。仕事中も休暇中も同じありのままの自分でいた方がいい」

なぜ私がそう考えるのかを、順を追って説明しましょう。

仕事もプライベートも「ありのままの自分」と考えた方が、無理がなくなる

私は、「家でもずっと働き続けなさい」とは全く思いませんし、「休みの日にもずっと気を張っていなさい」などと言う気もありません。

ここでいいたいのは、プライベートと仕事を分けるといっても、究極的には切り離せないのではないかということです。どちらも「自分」であるのだから、両者を切り離して考えていると無理が出てきます。

たとえば、仕事のときだけ自分を取り繕い、仮面を被《かぶ》るようにして仕事用の自分を演じていたり、普段の自分より背伸びしたりしていれば、どんどん苦しくなっていくでしょう。

スポーツやエンターテインメントの世界では、「練習でできないことは試合でもできない」と言われます。それは仕事でも同じです。

他人に親切にする。
生活を楽しむために工夫をする。

自分で考える。
好奇心を持って見聞を広げたり勉強したりする。
身の回りを整え、きちんとした生活をする。
約束は守る。

こうしたことがプライベートでできていない(身に付いていない)と、仕事でもできないと思います。

もちろん、表面的に取り繕うことはできるでしょう。しかし、お客さまは想像する以上に私たちのことを見ています。

「この人を信頼できるかな」「任せられる人かな」と考えているのです。

普段から裏表のない人は目には見えなくても、必ずお客さまには伝わります!

「このスタッフさん嘘がないな」
「話を聞いてみてもいいかな」
「この人を信じてみようかな」

そう思ってもらえるのは、普段のままの自分を偽らず、自分らしく仕事ができる人です。つまり、仕事をするその姿が、普段からの習慣になっている人でしょう。

お客さまから信頼され、ファンになっていただくには、休みの日も含めて、自分を磨いていくしかないのです。

仕事とプライベートを完全に分けると人生の充実から遠ざかる

さらにいえば、（悪い意味で）仕事とプライベートを完全に分けてしまうと、人生の充実から遠ざかってしまうと思います。

ここでいう人生の充実とは、3つの側面があります。

1つ目は、仕事をしている時間を「生活のために提供している不本意な時間」と思っていれば、仕事はプライベートの時間を削るものでしかなくなるということです。

つまり、人生の半分がつまらないものになってしまいます。

2つ目は、プライベートが仕事の役に立つことです。

たとえば、遊んでいて仕事のヒントを見つけたり、友人からアイデアをもらったり、未知の経験をすることで自分のキャパシティが大きくなったりすることも大いにあります。

3つ目は、反対に、仕事で身に付けたスキルや人脈、好奇心などがプライベートでも役に立つということです。

仕事とは、お給料をもらいながら「なりたい自分になる」ためにたくさんの勉強ができるチャンスの場でもあります。

仕事で経験を積み、スキルや収入を上げれば、プライベートでできることが増えます。

人生の選択肢が増えます。

友人や家族などの悩みを解決したり、喜ばれたりする場面が増えます。

すると、それらがまた仕事の場面でも活きてきます。

プライベートで身の周りの友人たちから感謝されたことも、仕事を通じて社会で実現していけば、もっと大勢の人から喜ばれるでしょう。

会社を活用することで、世の中だって変えられるかもしれません。

そう捉えると、仕事をするってとてもワクワクしませんか。プライベートだけでは実現できない夢も、仕事を活用していけば叶う可能性が断然大きくなるのですから。

会社や仕事を活用して、自分でもっと幸せと豊かさをつくり出していきましょう。

未来のために「過去」を変える

★「未来は変えられるが過去は変えられない」といいますが、実際はその逆です。「過去を変えるからこそ未来が変わる」のです。何かあったときに気持ちのリセットは大切ですが、過去の出来事はなかったことにはなりません。一つひとつ課題を解決しながら明るい未来をつくっていきましょう。

当たり前だが、現在と未来は過去からつながっている

新年や新年度、あるいは新しい月を迎えると、「心機一転でやり直そう！」と、気持ちをリセットする人は多いことでしょう。

もちろん、気分転換は大事です。

いつまでもマイナスの気持ちを引きずっていても、良いことはありません。

しかし、この心機一転をゲームのリセットボタンのように、1年1年、1日1

日とすべて断ち切って考えてしまうのは、とてももったいないことだと思います。

ゲームと違って、人生というのは過去から現在、そして未来へと途切れることなく続いていきます。

たとえば、12月31日と1月1日はもちろんつながっていて、ニューイヤーへのカウントダウンが終わったからといって、自分が別の人間になっているわけでも、周りの状況が変わっているわけでもありません。

失敗した仕事がリセットされたり、不仲になっていた相手との関係が勝手に修復されたりすることもないのです。

その原因となったこととときちんと向き合い、解決していく努力をしなければ、次もまた同じことが起こるでしょう。

そして、また自分の不運を嘆いて、心機一転やり直す。こんな逃げの行動をしていては成長できませんし、明るい未来をつくることができません。

これは、転職によって会社の環境だけを変えても自分を変えなければ何も変わらない、ということになってしまいます。

×運が悪かった。気持ちを切り替えてやり直そう。
〇何が問題だったか逃げずに自分と向き合い、解決してから次に進もう。

今日は来月、来年へとつながっていて、それは3年後、5年後、10年後につながっています。過去からの積み重ねで現在の自分があり、未来をより良く変えたければ、従来とは違う新しい常識や考えを受け止めて、自分をバージョンアップしていきましょう。

たとえば、3年前や1年前のあなたが、いきなり「今日のあなた」にタイムマシンで会いにやってきたとしたらどう思われるかを、イメージしながら仕事をしてみてください。

少しずつでかまいません。自分の意識を変え、課題を解決し、昔の自分から「すごい。今の私ではとても勝てない」とか「良い意味で変わったなあ」と思われるように頑張っていきましょう。

もちろん、その逆でもいいですよ。

頭の中で、あなたが「未来のあなた」に会いに行き、理想の自分と向かい合ってみましょう。きっと、そこに向かって努力ができるはずです。

また、心身の健康とモチベーションを保つためにも、心のモヤモヤを（上司や先輩などの）信頼できる人に打ち明け、相談してください。

いつの時代も占いが人気なのは、他人に話すことで心を軽くし、エネルギーが充電できるからです。気持ちを聞いてもらうだけでも違いますが、上司や先輩の場合は仕事に関する具体的なアドバイスまでもらえるのです。前向きに、自分の能力を発揮しやすくするためにも、困ったことや悩みを相談する習慣を付けていきましょう。

その上であなたの人生を、そして、毎日毎日の生活や仕事を大切に積み重ねていってほしいと思っています。

最初の3年間で勝負する

★何事においても基礎をつくる「最初の期間」が一番大事です。社会人としてなら最初の3年間。ここをどのように過ごすかで30代、40代が変わってきます。

最初の3年間が何にもかえがたい重要な時間である理由

「石の上にも3年」ということわざがありますよね。

何事も、一度始めたら3年間はつらくても我慢強く耐えていれば、いつかは実を結ぶ――という、どちらかというと、忍耐力をテーマとした話の中で使われる言葉です。

もちろん、それはその通りなのですが、私が学生さんや新社会人の皆さんに対して話すなら、もっと積極的な意味で使いたいと思います。

なぜなら、社会人として過ごす最初の3年間は、社会人の基礎力をつくる上で、とても貴重かつ大切な時間だからです。

「この時期の過ごし方で、30代、40代の充実度が変わってしまう」と言っても言い過ぎとは思いません。

では、この最初の3年間で何を学び、何を身に付ければいいのでしょうか。

それは次の3つです。

①善い行いを継続する力（忍耐力）
②好き嫌いなく何事にも興味・関心を持つ力（好奇心）
③失敗を恐れないチャレンジ精神（度胸）

その昔、ボクシングの世界チャンピオンだった友人に、「試合中、一番疲れるときはどんなときですか？」と質問をしてみたことがありました。

私はきっと、パンチを打つために力を入れるときや、試合中にずっと手足を動かしているときなどが一番つらいのだろうと想像していたのです。

ところが、彼の答えは予想外のものでした。

「パンチの空振り、いわゆるパンチが相手に当たらなかったとき」

だというのです。

私は、膝を打つ思いでした。世の中のすべてのことが、まさに同じだと思ったのです。

人間は、上手くいっているときや手ごたえを感じているときは疲れを感じず、前向きに頑張ることができます。

しかし、頑張っているのに上手くいかなくなったり、なかなか成果につながらないことが起きたりすると、ヘンな疲れを感じるものです。いわゆる徒労感ですね。

それだけならまだよいのですが、その状態が続くといつの間にかその仕事自体が嫌になったり、苦手意識を感じたり、挙句の果てには逃げだしたくなったりします。

その時期に鍛えられた人と、ぬるま湯に浸かっていた人との差はハッキリわかる

仕事でも、こういうことはたくさんあります。

ましてや、初めてのこと、慣れないことばかりが次々と降りかかってくる新

人スタッフなら、なおさらです。

でも、だからこそそこで葛藤し、挑戦を続け、成長していってほしいのです。

そのためにも、「報連相《ほうれんそう》（報告・連絡・相談）」を忘れずに、上司や先輩の助けを借りましょう。

決して失敗を恐れないでください。

3年後はもっと成長し、さらに幸せになっている自分をイメージして、結果ではなく経験を求め、経験から得られる学びを活《い》かしてください。

今からの3年間は、あなたの未来を決める大切な3年間ですよ。

第2章

働きやすい環境づくり

「言葉の力」を信じる

★私は子供の頃からダメダメ人間でした。つらいことがたくさんあって、「もうおしまいだ……」と何度も諦めかけました。それでも、くじけなかったのは、私を信じてくれた人たちの愛ある言葉と恩を忘れなかったからです。

「サトウゴウ、死ね」

私が通っていた中学校のコンクリートの壁には、こんな言葉が青と黄色のスプレーで全面に殴り書きされていました。

残酷ですよね。

しかも、この落書きは私が卒業するまでの1年以上、なぜかそのまま放置されていたのです。先生たちが見て見ぬふりを決め込んでいたのですから、今の時代ならあり得ない話です。

「犯人」は、それまで不良仲間だった同級生でした。

原因はハッキリしています。私が彼らの仲間から抜けようとしたからです。

私は、中学校に入ると、厳しすぎる父親への反発からグレてしまい、不良仲間とつるんでは悪さばかりしていました。中学2年の3学期になると、ついに父の堪忍袋の緒が切れ、「勘当する」という騒ぎになりました。

心を入れ替えて高校進学をめざすか、家族と縁を切って自活するか、もしくは福井県にある、かの有名な永平寺（曹洞宗総本山）に入って修行するか。

そのいずれかを選べと言われた私は、そこでやっと目が覚めて、真面目に勉強しようと思いました。

ところが、不良仲間たちは許してくれなかったのです。

それまで仲間だった友人全員が敵になり、私は裏切り者として、毎日嫌がらせを受けることになりました。今でいう「イジメ」のようなものです。

負けず嫌いの私は、学校では彼らとケンカをし、家では猛勉強をしました。

真面目になろうとしているのに、親しかった仲間から足を引っ張られるのは、本当につらかった。苦しかった。「自業自得とはこのことか……」と反省の毎日でした。

ただ、それでも1年間頑張れたのは、過去に私を可愛がり、信じてくれた人たちの「言葉」が心の支えになっていたからです。

小学校のときの担任の先生は、問題児だった私に「お前は大器晩成だ」と言い続けてくれました。

また、近所にあった万屋《よろずや》（今でいうコンビニ）を経営する、皆からの人望が厚いおばあちゃんは、「お前は大丈夫やで。大物になる」と私にも、母にも言ってくれました。

過去に大切な人からいただいた「愛ある言葉」が私を救い、希望を与えてくれたのです。

しかも、その言葉は、何か重要な場面で特別に贈られたものではありません。それは、「時候の挨拶」のように、ごく普通の会話の中で言ってくれたものでした。

今振り返ると、言葉の大切さ、そして言葉の持つ力について、良くも悪くも考えるようになったのは、この頃からだった気がします。

そんな応援してくれる言葉に励まされて、私は当時、偏差値70の高校に合格することができました。

皆さんも同じように、誰かの言葉や何気ない温かい一言に救われた経験があると思います。

一方で、あなたが発している何気ない一言も、気づかぬうちに誰かを勇気づけ、励ましていることでしょう。

そうした「愛ある言葉の力」を信じて、これからも自分と周りの人々を幸せにしていってほしいです。逆に、人を傷つける言葉は使ってほしくないと思います。

さあ、あなたは今日これから、誰に、どんな言葉をかけますか？

自分の失敗を許す

★「完璧主義」には、悪い完璧主義と良い完璧主義があります。悪い完璧主義とは、チャレンジを始めたばかりなのに完璧を求め、失敗を恐れてしまうこと。最初から完璧にできる人なんて、この世にいません。できないことにぶつかり、失敗を重ねるからこそ人間は成長するのだと思います。できない自分を許しましょう。チャレンジした自分をほめましょう。

仕事のやり方に正解はない。
それを探して自分を追い込んではいけない

ここ10年くらい、20代の若い人たちを見ていると、皆さん、我々の時代の学生時代よりも真面目で優秀だと感じます。

しかし、その一方で完璧主義というのか、潔癖主義というのか、自分の失敗を許すことができずに、どんどん自分を追い込んでしまう人が増えている気もしています。

「正解はこれ」
「こうできないとダメ」
「そうでなければならない」

その結果、苦しくなって正常な判断ができなくなっている人をよく見かけるのです。

「こうしなければならない」ではなく「こうしたい」に、そして「MUST」を「WANT」にできたらいいですよね。

完璧主義というと、なんでもきっちりやり通すといったような良いイメージを持たれる方もいらっしゃるかもしれませんが、実はこれは大きな勘違いです。

人間は不完全な存在です。誰にでも欠点や苦手な分野があります。

それなのに、自分は完璧でいなければならないと、自分で自分を精神的に追い込み、自分の心を重くし、つぶれていく人を何人も見てきました。

いい方を変えると、完璧主義には、悪い完璧主義と良い完璧主義の2つがあるのです。

悪い完璧主義とは、まだチャレンジを始めたばかり（検討段階）なのに、自分に完璧を求めてしまうことです。そうすると、失敗を恐れて動けなくなってしまいます。

最初から完璧にできる人なんて、この世にいません。

その反対に、良い完璧主義とは、試行錯誤をしてほぼ完成に近づいたときに、「もう少し粘れば95点が97点になるのではないか？」と、最後の最後まで手を抜かないことです。仕事のできる人は当たり前にこれをやっています。目を輝かせて取り組んでいます。

この2つの区別がつかず、悪い（マイナスの）完璧主義に陥ると、仕事が進まず、心を病むことにもなりかねません。

でも、安心してください。それから逃れる簡単な方法があります。


その解決法は、「自分を許す」ことです。

完璧主義を貫くと、

「どうして自分はできないのか」

「失敗を考えると恥ずかしくて、失敗したくないから挑戦できない」

と、プライドばかり先行してしまい、自分の現状確認ができなくなってしまいます。


自分の能力を高めようとするフェーズにあるとき、できないことにぶつかることは当然です。むしろ、失敗の連続です。

失敗とは、「このやり方では上手くいかないという経験を得た」という意味での成功でもあるのです。

失敗した自分を許して、同じ失敗を繰り返さないように、改善していけばよいのです。

できないことにぶつかったときにこそ、実はチャンスがあります。逆にいうと、そこにしか伸び代《しろ》はありません。まさに、ピンチがチャンスなのです！

失敗するチャンスを逃したらもったいない

せっかく目の前にチャンスがあるのに、それに手を伸ばそうともしないのは残念すぎます。

これほどもったいないことがあるでしょうか？

人は失敗を繰り返して成長します。

軽やかに、新しいこと、難しいことにチャレンジしていきましょう。いきなり大きくジャンプをするのが怖ければ、少しずついいのです。

そして、失敗した自分を許し、チャレンジした自分をほめてあげてください。

「教えてください」と言う

★周りに気を遣いすぎてつらい人は、「本当の謙虚さ」と「強さ」の意味を理解しましょう。自分と相手が幸せになるための行動をためらってはいけません。「教えてください」と素直に言えることが本当の謙虚さであり、心の強さです。

多くの人は「謙虚」の本質を取り違えている

皆さんは「謙虚な人」と聞いて、どんなイメージを持ちますか。

辞書（小学館デジタル大辞泉）によると、【控え目で、つつましいこと。へりくだって、すなおに相手の意見などを受け入れること。また、そのさま】とあります。

要するに、少し弱気（弱虫）で、慎ましく、控えめなイメージですね。

日本では、このようなタイプの人を「いい人」「人格者」としてほめます。

たしかに、人間関係を上手く築くためには、相手を立てることや、素直に相手の意見を受け入れることは大事です。組織の中でこういう人は好かれるでしょう。

しかし、相手に気を遣いすぎて自分が疲れきっていたり、自分の成長の妨げになっていたり、もっというと、自分の選んだ行動が結果的に誰のためにもなっていないのなら、話はまったく変わってきます。

その場合は、謙虚さの本質を間違えているのです。

たとえば、次のようなケースです。

【先輩に遠慮して、わからないことを聞けないAさんの場合】

新人女性スタッフのAさんは、仕事ではわからないことだらけです。できれば先輩からたくさんアドバイスをもらいたいのですが、先輩はいつも忙しそうにしています。いちいち質問したら迷惑をかけてしまいそうだし、先輩はなんとなくピリピリしていて怖い。だから、時間はかかっても、できるだけ自分で考えて解決するようにしていました。

Aさんが、自分で考えるようにしているのは素晴らしいことです。今も昔も、言われたことしかできない人は多いですからね。とはいえ、Aさんが仕事に必要なことを質問しないのは、本当の謙虚さではありません。

Aさんは、先輩に気を遣っているのではなく、実は自分のプライドを優先して保守的になっているからです。先輩に面倒くさそうな顔をされて傷ついたり、「そんなこともわからないの？」などと叱られて恥をかくことが嫌なのです。

しかし、そうなったとしても、わからないことは聞かなければダメなのです。Aさんは新人なのだから、その場その場で適切な判断ができないのは当たり前。わからないことの内容によっては、お客さまにご迷惑をおかけしてしまいます。

目的を達成するために、わからないときに「教えてください」と頭を下げられる正直さと、少しの恥を捨てて行動に移せる能力こそ、本当の謙虚さです。そして、そうできることが、本当の強さだと私は思います。

もう1つ例を挙げましょう。お客さまとの関係でも同じです。

【お客さまからの質問に自信を持って答えられないBさんの場合】

若手男性スタッフのBさんは、お客さまから難しい質問をされたときに、自分の答えに自信がないと、その場を上手くはぐらかすクセがありました。いい加減な仕事をしていたからではありません。彼は真面目な性格でした。

Bさんは、「プロとしてお客さまの前で困ったそぶりをしてはいけない」とか、「失敗しない完璧な自分でいなくてはいけない」という思い込みが強かったのです。

Bさんのように、お客さまを不安にさせないようにすることは、一見するとプロとして素晴らしい責任感に見えます。また、知ったかぶりをして不正確なことを断言しないのは、謙虚さにも思えてしまいます。

しかし、それはまったくの勘違いです。むしろ不誠実ですよね。なぜだかわかりますか？

Bさんの問題点は、お客さまの幸せや利益よりも、「自分をよく見せよう」「上手くやろう」ということに意識が向いている点にあります。

お客さまの立場になって考えてみてください。自分が何か質問したときに、次のどちらの方が信用・信頼できるでしょうか。

×どこかあやふやな雰囲気で、はぐらかすように返答する人（評価軸の人）。

〇「正確にお伝えしたいので上長に確認してきてもよろしいですか？」と正直に、そして自信を持って伝えてくれる人（成果軸の人）。

お客さまがガッカリするスタッフとは、知らないことを「知らない」と答える人ではありません。知らないことをごまかして、結局は答えてくれない人です。ましてや、相手が若いスタッフであれば、心あるお客さまは「わからない」という事実だけで責めたりはしません。

Bさんが最優先に考えるべきなのは、「お客さまにとって本当にうれしいこと（利益）は何か？」ということです。
本来の目的と本質を、見失わないようにしましょう。

接客において大事なことは、「自分がお客さまにどう思われるのか？」と相手の目を気にするのではなく、その場は恥ずかしくても、上司や先輩の力を借りて、お客さまにとってのベストな回答をご用意することなのです。

自分と相手が幸せになるための行動をためらってはいけない

こうした話を書いていると、かつて部下だった、ある男性スタッフのことを思い出します。

彼は、いわゆる「おばあちゃん子」で、子供の頃から「優秀な人は皆謙虚なんだよ」と言われて育ちました。とても性格の良い子でした。

彼のおばあちゃんの指摘は事実です。

たとえば、「実るほど頭《こうべ》を垂れる稲穂かな」という言葉もあります。稲は、生長して実がなってくると、その重みで先が垂れ下がり、おじぎをしているように見えますよね。同じように、人間も成功して実績を出している人ほど腰が低い（あるいは腰を低くした方が良い）という意味です。

ただし、ここまで書いてきたように、「謙虚さ」を勘違いしてしまうと、自分がつらくなってしまいます。

その彼も、先輩やお客さまに気を遣うばかりに、ヘンに遠慮をしたり、その場しのぎの対応をすることがよくあったのです。その結果、自分が苦しくなって退職してしまいました。要するに、「謙虚さ」を「弱さ」と捉えてしまったのです。もったいなかったと思います。

彼は「いい人」でしたが、「超いい人」ではありませんでした。

「超いい人」とは、その場では少し恥をかいても、関係が一時ギクシャクしたとしても、自分と相手の明るい未来のためにためらわずに行動できる人です（成果軸の人）。

繰り返します。新人や若手なのですから、わからないことはお客さまのために、そして自分のためにどんどん聞きましょう。

聞けば1分で済むことを、何時間もかけてぐずぐずと考えているのは、時間の無駄です。それは考えているのではなく、解決方法を知らずに悩んでいるだけだからです。

稲穂だって、実るほど生長するまでには、雨風などと戦ってきたのです。

「謙虚さ＝弱虫」ではありません。「謙虚さ＝最高の強さ」です。自分に足りないところは上司や先輩の力を借りて、自分と相手のために行動できる人をめざしていきましょう。

その場ではちょっと大変で面倒でも、そうした一つひとつの行動が、幸せや明るい未来につながっていくのです。

働きやすい環境をつくる

★自分次第で周りは変わります。すべては、人間関係なのです。仕事にかかわるすべての人を大事にして、働きやすい環境を自らつくっていきましょう。

あなたは今、仕事が楽しいですか

良いパフォーマンスを発揮できていますか。

もしそうでないのなら、知識や技術を身に付けるのと同じくらいか、それ以上に、「あなたの仕事にかかわるすべての人」を、親切（大事）にすることを心がけてみましょう。

お客さまや同僚はもちろんのことですが、外部スタッフ、下請け、取引先、メンテナンス業者さんに対して、もっと思いやりを持ち、もっと気を配るようにするのです。

私は、その効果を新入社員時代のある出来事から学びました。

もう30年以上も前のことです。私は、ある大手アパレルメーカーに新卒で入社しました。

配属されたのは本社の営業部です。私の直属の上司になった人は、社内でも「部下に対して最も厳しい」と評判の人でした。3月に呼び出された入社前研修でも感じていましたが、いざ正式に配属されてみると、上司の厳しさは私の予想をはるかに超えていました。

ふつう、その会社の営業マンは、子会社の物流担当者や倉庫へ連絡して在庫管理や発注対応などをおこないます。当時は同期含め皆、9時50分頃に出社していました。

しかし、私が指示されたのは、毎朝7時に会社の隣のビルにある倉庫に出社することでした。「百貨店へ配送する商品の品揃えと出庫のための検品をしろ」と言うのです。

なぜ7時かというと、その日の商品の発注が決まるのは前夜の遅い時間であり、朝から準備するしかないからです。商品を運ぶトラックは10時30分に出発しますから、その時間までに「私一人で」準備するには7時から始める必要がありました。

トラックを送り出すと、今度は電車に乗って百貨店へ先回りします。商品を受け取ると一点一点ビニールをはがし、綺麗なブランドハンガーに替えてから、3階にある店頭へ運んで陳列するのです。

当時はバブル期でしたから、商品がものすごく売れました。その店舗（売り場面積33坪）も、月商1億円を優に超えていました。つまり、1日あたり300万円以上の商品の品揃えを私一人でおこなっていたわけです。

まだ右も左もわからない新人スタッフにとって、これは非常にプレッシャーが大きく、つらいことでした。そして、理不尽だと思いました。

上司が私に命令した業務は、本来、子会社がすべきことなのです。

今思えば、その上司は私を自立させたくて、「昭和の感覚」で私を鍛えようとしたのかもしれません。

しかし、当時の私は「なんで俺だけが？」「なぜこの人は俺にだけこんなことをさせるのか？」という上司への負の感情でいっぱいでした。

そんな状況の中で、ついに「事故」が起きます。身体《からだ》も心も疲れ果てていたのでしょう。数カ月経ったある日、私は寝坊をして、倉庫に到着するのが7時50分になってしまいました（それだって本当は定時出社の2時間前なのですが……）。

10時30分までに商品を配送トラックに荷詰めしなければ、百貨店の売り場は空っぽになります。1日の売上と店の信用を失うわけですから、そんなことは到底許されません。

私は、時間までに何とか商品を揃えてビルの下まで降ろしました。しかし、ドライバーと出庫担当者は「ギリギリになって検品なんて無理だよ」と受け入れてくれないのです。

上司に電話をして助けを求めると、「それはお前の責任だ。自分で何とかしろ！」と突き放されてしまいました。

顔面蒼白とはこのことです。私は「人生、終わったな……」と絶望しました。

いよいよ追い詰められて百貨店のバイヤーなどに相談をしてみたところ、「どうしても売り場に必要な商品だけでも手持ちで運んできなさい」と言います。

そこで、30着ほどのジャケットやスカートを1号段ボール（100インチの大型テレビが入っているようなサイズ）に詰め、私一人で運ぶことになりました。

自分のミスとあって会社はタクシー代など出してくれませんから、運搬手段は電車と歩きです。段ボールを担いでみると、重すぎて、休み休みでないと運べません。ふだんは20分で着く最寄り駅までの道のりが、40分以上かかりました。肩は痛い、手も痛い。周りからは好奇の目で見られる……。心の中では大泣きでした。


結局、その日は大きな損失を出してしまい、バイヤーやマネージャーからは叱責を受けました。それも仕方ありません。自分の寝坊のせいですから自業自得です。


大事なのは、二度と同じ事態を招かないようにすることです。ただ、その一方で、自分に対する理不尽な扱いへの怒りも湧いてきました。

「そもそも倉庫や物流は、子会社にお金を払って委託している仕事だ。自分は本来やらなくていいことをやらされているだけなのに、なぜこんな目に遭うのか？なぜ彼らは協力してくれないのか？　道理としておかしくはないか？」

この現状を営業本部長に報告して、子会社に対して正式に圧力をかけてもらうことも頭をよぎりました。

しかし、そうしなかったのは、彼らと円満に仕事をしていく方が重要だと思ったからです。圧力をかけてもらえば、倉庫・出庫・配送の人たちもその場は従うかもしれません。しかし、彼らは私が本社にチクった（告発をした）ことを快くは思わないでしょう。

先々のことを考えると、本社の力で無理に従わせるよりも、彼らと良きパートナーになるべきだと考えたのです。

翌日、さっそくトラックの担当ドライバーに「飲みに行きませんか？」と声をかけ、本当に困っている現状を素直に話して協力をお願いしました。と同時に、彼が毎日事故もなく商品を運んでくれていることへの感謝を伝えました。

これも本心です。

私が話し終えるとそのドライバーは、「おまえ、変わっているな。今まで俺らに感謝するやつなんていなかったぞ」と笑いながら言いました。「また何かあったら言ってくれよ」と。

すると、その翌日から、朝10時くらいになるとドライバーが「おい、大丈夫か？」

と声をかけてくれるようになったのです。それまで一人でおこなっていた品揃えや検品を手伝ってくれるようになりました。

この協力が新人の私にとってどれだけ救いになったことか……。ドライバーさんが神様に見えました。

次に相談したのは、トラックの配車管理の担当者です。

すると、この人も「そういう無理な場合は特別配車ができるぞ」と教えてくれました。

毎朝ギリギリで戦っていた出荷のボーダー時間は、10時30分でなくてもよかったのです。ホッとするとともに、今までの苦労は何だったのかとも思いました。

この体験によって、私は大きな気付きを得ました。

当時は本当につらかったのですが、振り返ってみるとそれは一瞬のこと。あのとき、権力を利用した安易な解決法を選ばなくてよかったのです。

倉庫の商品を並べてくれるスタッフもそうですが、周りの人が動いてくれているのは当たり前ではありません。私には、彼らへの感謝の気持ちが足りていなかったと思います。

何もできない新米のくせに、「自分は本社の人間なのだから」というおごりもどこかにあったのでしょう。

私は、失敗によってそのことに気付けたから、バージョンアップすることができました。そして、自分が変わったら仕事の成果が変わり、人生が変わりました。

仕事や人生を楽しめるかどうかは、ほぼ人間関係で決まります。

良いコミュニケーションは、自分を守ってくれます。

良いコミュニケーションは、チームワークを向上させます。

良いコミュニケーションは、仕事で良いパフォーマンスを生みます。

周りの人を親切(大事)にするということは、自分自身を成長させます。

そして、良い人間関係は明るい未来をつくるきっかけになり、土台になるのです。

あなたも、今、上手くいっていないことがあったら、知識や技術を磨くと同時に、周りの人を大事にして、良いコミュニケーションを心がけてみてください。

自分から心を開き、感謝し、温かい言葉をかけ、困っているときには格好をつけずに相談してみましょう。

そうやってオープンマインドにふるまっていれば、自分が働きやすい環境をつくっていけるはずです。

「好き」を集める

★何事も、その「すべて」を否定して嫌いになったらもったいないですよね。今の仕事が好きになれない人は、職場や仲間の「好きなところ」をたくさん集めてみましょう。

今の仕事や職場が楽しくない人は、そのすべてが嫌いなのですか？

先日、スタッフのこんな悩みを耳にしました。

「この仕事が好きになれない。楽しくない」

本書をお読みの皆さんはどうでしょうか。

仕事は好きですか、楽しいですか？

世間一般で考えたときには、これに「YES」と即答できる人は多くないのかもしれません。

どうしても「仕事＝労働・苦役」と捉えてしまい、「できれば働きたくない」と考える人もいることでしょう。

こうした相談を受けたとき、私はこれまで「何事も楽しむことが大切だよ」とか「はまったもの勝ちだよ」と伝えてきました。

しかし、それでは本質を伝えることができていなかったように思います。

というのも、自分が面白いと思えないことを無理に「楽しめ」と言われても、なかなかそう思えるものではありません。また、楽しいと思えるように知恵を絞り工夫することも、苦手な人にとってはけっこう難しい。

たとえば、自宅や会社の掃除（片付け）をすることになったとしましょう。もともと掃除が好きでない人は、なかなかやる気になれません。

私ならば、好きな音楽をかけたり、「何分までにここをキレイにする！」とゲーム感覚で取り組んだり、一緒に片付けている人と担当する範囲を分けて、どちらが早く終わるか競争する――といった工夫をして、少しでも楽しくすると思います。

ただ、その工夫がなかなか思いつかない人もいますよね。そもそも、仕事が嫌すぎてそんな心境にはなれないという人もいるでしょう。

また、入社したばかりの新人スタッフは、社会や会社に慣れることに精一杯で、そんな気持ちの余裕はないかもしれません。

そんなとき、大切になってくるのが「好き」という感情です。

先輩がどれだけこの仕事が好きなのか、どうしてこの仕事を頑張っているのかなど、そんなポイントを知ることができれば、楽しむ工夫がわかってきます。

そこで、私からの提案なのですが、今の仕事が好きになれない人は、職場や仲間の「好きなところ」をたくさん集めてみてはどうでしょうか。

また、仕事が嫌いという人も、そのすべてが嫌いなわけではなく、探せば好きな部分もたくさんあるはずです。私の経験では、

「○○さえなければ今の仕事は楽しいのにな」

「嫌なことも多いけれど、○○が好きだから頑張れるんだよね」

「私がこの仕事を続けるのは、○○が理由」

ということはよくあります。

それを集めるだけ集めて書き出してみましょう。

ちなみに、弊社のスタッフに対して同じことを提案してみたところ、「好きなところ」が総計で143個集まりました。

ごく一部ですが、回答をまとめた資料の最初の10個をご紹介します（掲載する声は、良い答えだけをピックアップしたわけではありません）。

1. 家族のような関係
2. なんでも相談できる
3. プライベートなことまで話せる
4. お客さまからたくさんの経験を学べる
5. 尊敬できる先輩がたくさんいる
6. お客さまから感謝される
7. 些細《ささい》なことでも感謝しあえる環境
8. 目標を持っている方ばかり
9. 頑張ろうと思える仲間がいる

10. 近い距離で教えてくれる社長がいる

私たちの美容ヘルスケア業は特にそうだと思っていますが、仕事とは、人の幸せや夢・理想をつくることができる、とても価値の高い行為です。

それなのに、そこで働く人が幸せでなくてよいことなどありません。

本当はやりたいと思っている仕事なのに、あるいは、続けてみたら本当の面白さがわかるかもしれないのに、目の前のマイナスに意識が向いてしまっている人もいるはずです。

それではもったいないですよね。

楽しむために、まずは「好き」を集めてみましょう。どうしても仕事や職場が合わずに辞めるのは、その後でもいいじゃないですか？

自分と仕事を愛する

★仕事で一番大事なのは「本気＝愛」です。見た目は同じでも「愛のないもの」がいかにダメかを知っておきましょう。それは仕事以外のすべてに当てはまりますよ。

愛のない仕事は自分も他人も幸せにしない

学生と社会人との大きな違いは、どこにあると思いますか。

それは、学校などにお金を払う立場から、お金をもらう立場、いわゆる商品やサービスの提供者に変わることです。

アルバイトでも報酬は得ていたでしょうが、やはり学生のアルバイトと社会人とでは、求められるものが違ってきます。お金をもらうからには、新人であっても自分はプロであるという意識に180度変わっていく必要があると思います。

そして若い社会人、特に新人スタッフの方に私がお伝えしたいのは、「仕事に本気ではまってください」ということです。

仕事の本気、つまり「愛」です。

たとえば、

「その仕事は好きではないし、それほど興味もないけれど、お金をもらっているし、生活もある。言われたことはやろう……」

などと本気さもなく、無難にこなしている仕事には「愛」がありません。

そして、仕事を単なる業務として捉えていると、確実にパフォーマンスや成果が落ちます。

×「愛」に欠ける仕事は、深みを欠きます。
×「愛」に欠ける仕事は、お客さまの感動からは遠ざかります。
×「愛」に欠ける仕事は、品質を落とします。

それは、仕事以外の自分の人生においても、「愛がないもの」がいかに味気なく、自分も他人も幸せにしないか、皆さんもたくさん例が思い浮かぶことでしょう。
そうではなく、徹底したプロ意識を持ちながら、今の時間に徹底的に集中して、本気で仕事をすること――。この積み重ねが普遍的な成功への道筋だと私は考えます。

人生という有限をどう生きるか、意識次第でその実りは大きく変わります。自分の人生を宝と思い、大きな実りを追求してください。

小さな約束ほど守る

★自分が忘れてしまったその些細な約束を、言われた相手はずっと憶えているものです。約束したことも、忘れられていることも……。相手の心を大切にする思いが、小さな約束も大切にする（守る）ことにつながります。

誰でもできるが、誰もがやっているわけではない「人生の秘訣」

人から応援してもらえる人や、力を貸してもらえる人になる方法は他にもあります。

そして、それも驚くほどシンプルで、誰でもやろうと思えばできることです。

しかし、実際に実行している人はどれだけいることでしょうか。実は少ないかもしれません。

それは、

小さな約束ほど守る。

ということです。
人から力を借りられる人とは、当然ながら「人との信頼関係を築くことができる人」でしょう。
では、その信頼はどういうところから生まれるのか。
たとえば、職場で後輩に「ちょっと質問いいですか？」と話しかけられたときに、AとBの二人の先輩は、対照的な行動をとりました。

A「今忙しいから、後でね～」と言ったまま忙しさの中で忘れてしまいそのまま。
B「いいよ。ただ、ちょっと待ってくれる？　もうすぐ手が空くと思う。でも、昼までにこちらから声をかけなかったら、もう一回呼び止めてくれる？　遠慮しなくていいから」

あなたも、すでに何度もこういう目に遭っているかもしれませんね。

Ａ先輩との関係性にもよりますが、もしそれほど親しくなければ、自分からはもう声をかけにくくなります。

「後でね～」という自分との約束は守られず、今さら聞いたところでもう遅い。自分が軽んじられているような気もして、心がざわざわするはずです。

それに対して、Ｂ先輩の対応は素晴らしいです。この言い方ならば、「後回し」にはしていませんし、万が一忘れてしまったときのための「保険」もかけている。念のため解説しておきますが、その保険とは先輩が自分を守るためのものではありませんよ。

後輩がまた声をかけやすくなるように、そして、相談がうやむやになって困らないように、相手を思ってのものなのです。

つまり、こういうことです。

小さな約束は、それ自体はごくごく簡単なものだが、だからこそ忘れてしまいやすい。しかし、約束された方は憶えている。

他の場面では、A先輩も気さくで頼りになる人なのかもしれませんが、おそらくこの例に出した職場で、A先輩とB先輩の人望や後輩からの評価は、かなり差があるはずです。

でも、二人の違いは、こうした小さな約束を忘れないかどうか。忘れても、相手が困ることのないような気遣いをしているかどうかだけなのです。

「ああ、よくある話だよ」と先輩としての立場で思われた方は、ここで気付かないとまずいですよ。

要するに、人の心を大切にする行動力が人望に繋がります。

ぜひ、このエピソードを忘れないでください。

第3章

営業・接客の極意

まず相手に寄り添う

★信頼される人になりたいのなら、まずは信じてもらえるようにアクションしよう。「今、自分はカウンセラー（相談員）として話しているのだ」と意識してみましょう。

アドバイスをするときは、まず相手の気持ちに寄り添ってから

相手から相談されたときに、あなたはどのようにアドバイスしていますか。

先日、弊社のスタッフからこんな質問を受けました。

「**初めてお会いするお客さまから『私のスキンケア方法って間違っていますか？』とご質問をいただいたんですが、社長ならどうお返事されますか？**」

これは「信頼されるコミュニケーション」について考える上で、とても良い題材になる質問だと思いますので、ちょっと深掘りしてみましょう。

もし、お客さまが間違っている可能性のある場合——。

×「お客さまのスキンケア方法は違っていると思いますので、正しい方法をお教えしますすね！」

このように明るく即答している人も多いのではないでしょうか。

しかし、これは間違いですよ。

なぜなら、お客さまの気持ちに寄り添っていないからです。

想像してみてください。まだ何も話していないのに、初対面の人から「あなたは間違っているから教えてあげるよ」と言われたら、イラっとしませんか？

このとき、あなたがまずすべきことは、「お客さまは、どうしてそんな質問をしたのだろう？」と考え、確認することです。

質問をされた時点では、次のどれかもわかっていないのです。

①これまでのやり方にあまり効果を感じておらず不安（もしくは不満）を持っている

②今よりも改善したいという前向きな気持ちから質問している
③自分のやり方を「正しい」と言ってもらいたい

お客さまの気持ちがどれに当てはまるかによって、それに対する自分の返答の方向性も変わってきますよね。

最初に「気持ちのボタン」を掛け違うと、その後に良かれと思ってすることが、全部「間違い」になります。お客さまのために商品やスキンケア方法などのサービスを紹介しようとすればするほど、嫌われてしまうかもしれないのです。

接客以外のコミュニケーションでも基本はまったく同じ

これは、接客以外の場面でも同じです。

同僚や友人、家族から相談を受けたときに、「私は信頼されている」とか「相手から好かれている」という前提で、自分が「正しい」と信じているアドバイスをしている人は、今から行動を見直しましょう。

そもそも何が正しいのかはわかりませんし、自分にできるのは相手の明るい未来を考えることだけです。

相手の気持ちや状況を理解しないうちに、上から目線でアドバイスをするのは、善意からの行動であってもそれは「価値観の押し付け」です。

また、情報不足のままアドバイスしようとすると、「どこか指摘しなきゃ！」という心理になるので、相手の短所の部分のあら探しになってしまいます。

・自分の悪いところをあら探しして指摘してくる人
・自分は信用されていると思い込んでいる人
・上から目線で「正しいこと」を押し付けてくる人

さて、これらは好かれる人でしょうか。違いますよね。

教えてもらった情報で「相手にとって何が最善策か」を考える

私たちがいつも心に留めておかなくてはならないのは、「他人から信頼されることは世の中で一番難しい」ということです。

このことを大前提とした上で、「どうしたら他人やお客さまから信じてもらえるか」をひたすらに考え抜いて行動していきましょう。

勝手に想像して「正しい」アドバイスをするのではなく、教えてもらった情報で「相手にとって何が最善策か、ベストな提案なのか」を考えるのです。

先ほどの例で私ならどう答えるかを記しておきますので、参考にしてみてください。

(お客さま)「私のスキンケア方法って違っていますか？」

(スタッフ)「どうして間違っていると感じていらっしゃるのですか？」

……「何かスキンケアで心配なことがございましたか？」……「普段どんなふうにスキンケアなさっているのか教えていただいてもよろしいでしょうか？」

(お客さま)「そうね、ここ最近ずっと肌の調子が良くなくて……」

(スタッフ)「ご自宅でのスキンケア方法を振り返ってみてはいかがでしょうか？」

……「ご自身でこれが原因かもという何かしらの心当たりはございますか？」

（お客さま）「もしかしたら自分の○○みたいな習慣が良くないのかな？」
（スタッフ）「では、△△するのはいかがでしょうか」……「ぜひその部分をお手伝いさせていただけませんか」

簡単に解説すると、①まずお客さまの気持ちをうかがい（傾聴）、②状況をうかがい（背景を知る）、③心当たりのある原因に気付いていただき（自問自答）、④お客さまに対して最善なご提案をする、という手順を踏んでいるのがわかると思います。

相手よりも優位に立とうとして、先入観や決め付けでアドバイスしてはいけません。一緒に考え、振り返って相手に気付きを与え、最善策を導き出すのです。繰り返しますが、これは接客の場面だけではありませんよ。すべての人間関係でも同じことが言えます。

信頼される人になりたいのなら、まずは信じてもらえるようにアクションすることが大切です。このことを常に忘れないようにするには、「今、自分は相談者と同じ気持ちになり、カウンセラーとして話しているのだ」と意識すると良いと思います。

「カウンセラーなら、こんな上から目線の決め付けや、相手の気持ちを無視したようなアドバイスをするかな?」と考えるのです。仕事でもプライベートでも、人間関係が徐々に良い方向に変わっていくと思いますよ。

そういう私自身も、社長という立場もあって指示やアドバイスをする機会がたくさんあります。相手に納得してもらうためにも、また腑《ふ》に落ちてもらうためにも、相談者本人に自問自答してもらい、いかに自分自身で気付いてもらうかというコミュニケーションを心がけています。

「すべて」を伝えようとしない

★若い人は、経験や知識がないこと、感謝が大きいことが武器になります。覚えた知識を全部話そうとせずに、お客さまの話を聴くことに意識を全集中しましょう。

担当者の熱心さがあだになることもある理由

ところで、前項までに記してきた接客やアドバイスの失敗は、あなたが「誠実」とか「責任感」とか「熱心」とか「勤勉」であることとは、まったく関係ないことにご注意ください。

むしろ、あなたが真面目な人であるほど、コミュニケーションの罠にはまっていることが多いのです。

たとえば、私のもとには、スタッフからこういう相談もよく持ち込まれます。

「お客さまのことを本当に想ってアドバイスなどをさせてもらっていますが、お客さまからなかなか良い反応が返ってこないんです……（涙）」

この原因は既に記してきたとおりですが、もう1つ、相手のことを真剣に想うためにしてしまいがちなミスは、〝風呂敷〟を広げすぎてしまうことです。つまり、あれもこれもと伝えすぎてしまうのですね。

接客についていえば、自分が知っている知識を全部伝えようとすると、自分が圧倒的にしゃべり続けることになります。ということは、お客さまから気持ちや事情を聞くチャンスや時間が少なくなるのです。

皆さんも、一方的にしゃべり続ける営業マンや販売員を前にして、うんざりした経験があるのではないでしょうか。

すると、こういう気持ちのすれ違いが起きます。

【パターン①】

（スタッフ）自分の持っている知識を全部伝えたいからと、一方的にしゃべりまくる。

（お客さま）初めて聞く情報が多すぎて処理できない（情報過多）。頭が混乱する。

（スタッフ）さらに熱心に説明する。

（お客さま）疲れて、気持ちが冷めてしまう。「よくわからないので考えさせてください。検討しますので……」

＊

【パターン②】

（スタッフ）良いものを勧めたいという思いで、長所を一方的にしゃべりまくる。

（お客さま）情報が多すぎる上に、自分が一番関心のある話とズレているのでテンションが上がらない。

（スタッフ）焦ってよけいに説明を続ける。

（お客さま）自分の意見をじっくり聞いてくれないので話に飽きてしまい、説明がほとんど耳に入ってこない。

この例でもわかるように、大事なことは相手に話してもらうことです。

私の経験では、自分が話す割合は3割で良いと思います。あとの7割はお客さまの話を目と耳と心で聴きましょう。

いわゆる、耳だけで聞くのではなく、耳と目と心を遣って聴くことが大切です。さらに目の前の相手から感じ取ったことを伝えてあげます。いわゆる「言葉にならない声」「言葉にしにくい気持ち」を拾ってさしあげることができれば、なお素晴らしいコミュニケーションになります。

その上で、アドバイスやベストな提案をしていけば、相手は「この人はしっかり話を聞いてくれる。自分の悩みをわかってくれる。ありがとう」という信頼関係を築くことができるのです。

なお、付け加えておけば、この話は、「ベテランだからできる」とか「新人スタッフだからできない」ということではありませんよ。

ベテランスタッフは知識と経験がありますが、その分慣れ過ぎていて、一人ひとりの対応に甘さや思い込み、先入観が入り込みやすくなります。お客さまへの愛や感謝も慣れてしまって薄れている部分もあるかもしれません。

逆に、新人スタッフの場合は、知識と経験がない分、相手の話をしっかり聞こうとします。一生懸命に話を聴くことならできますよね。

もし自分で答えられないことがあれば上司や先輩に確認すればいいのですから、「新人だからできない」という話ではないのです。

むしろ、経験や知識がないこと、感謝が大きいことが武器になるのです。覚えた知識を全部話そうとせずに、お客さまの話を聴くことに意識を全集中してみてください。

お客さまに感謝されることが増えるにつれ、仕事が楽しくなってくるはずです。

「上」から話さない

★想像してみてください。もし自分がお客さまなら、どんなふうに接してくれる担当者と話したいかを。それは友人関係でも同じですよね。

上から目線のアドバイスや指導は善意であっても人間関係を壊す

良い人間関係をつくる上では、たとえ善意からの行動であっても「やってはいけないこと」があります。

その1つが、「否定」と「上から目線のアドバイス」です。

基本的にこれらは善意から「相手のために」おこなっていることなので、言っている側は自分が吐いている「毒」に気付きません。むしろ、自分の正しさに酔っていることが多く、放っておけば不幸になる人に対して適切なアドバイスをして何が悪いのかとさえ思っています。

一方、言われている側は、その場は自分が悪く反省しているケースが多いので、「あなたのためを思って」と言われると反論がしにくいです。しかし、心の中はモヤモヤしています。指摘された内容が正しかったとしても、しこりが残ります。

そのため、この状態が続くと、少しずつ相手の不快指数は高まっていき、人間関係はどんどん悪化していくのです。

皆さんも、家族や友人、職場の同僚との関係において思い当たる節があるでしょう。

私も、これを書きながら過去の自分を振り返り、大いに反省する次第です。

ところで、ここで私が申し上げたいのは、営業や販売、サービス業でお客さまと接する場面でも、ついついこれをやってしまっている人はいませんか、ということです。

たとえば、先日弊社のスタッフからこんな相談を受けました。

「お客さまにとって必要な商品をご提案しても納得してもらえず、ご購入いただけない」

「お客さまに何を話そうか……。どうすれば説得できるだろうかと悩んでいる。どうしたらいいのでしょうか」

「お客さまが間違った知識をお持ちなので、それを指摘したらお怒りになってしまった」

これらの相談に共通しているのは、やはり上から目線のアドバイスです。売上第一主義で話していることではなく、お客さまのことを考えて提案しているのですが、そこには相手の否定と、正しい知識を伝えなければいけないといういささかズレた使命感があります。

そんなスタッフたちの悩みに対する私の答えは、非常にシンプルです。

「接客」とは、なにも特別に難しいことではありません。そもそもお客さまとの「人間関係」なのです。

だとするなら、そこで大事なのは、

×「買っていただくために何を話そうか」

×「どのように説得しようか」

ではなく、

○「どうやったらお客さまが楽しく、幸せな気分になってくれるのか」

ということでしょう。

お客さまが思うような反応をしてくださらないときに、「どうしてわかってくれないのだろう？」とお客さまのせいにしてしまった経験は誰にでもあると思います。しかし、それは自分の価値観や期待、都合の押し付けです。

そうしたことを感じたとき、お客さまは「押し売りされた」と受け取ります。

こうなるとそのお客さまは被害者ですよね。一方、善意のつもりで改善方法を伝えた結果、お客さまとの距離をつくってしまったスタッフもまた被害者といえます。

お客さまのことは、たとえ相手が間違っていたとしても、決して否定してはいけない。私はそれだけは絶対に守ろうと決意しています。

GO式「接客の3つの心がけ」

では、お客さまと会話をするときに、どんなことを心がけたらいいのか。
今回は私が心がけている接客のプロセスをご紹介したいと思います。

①どんな人でも上手く付き合う気持ち

約1億2000万の人口がいる中で、奇跡的な確率でそのお客さまと出会った以上、その方とより良い人間関係を築くことを絶対に諦めない。

②相手を承認し、尊敬する気持ち

お客さまの持っている情報・知識が少ないのは当たり前。そのためお客さまに対して否定しない。上から目線の指導やアドバイスは一切しない。こちらからファンになる。

③相手目線、相手HAPPYファーストの気持ち

お客さまがどうやったら盛り上がり楽しくなれるか、どうしたら明るい未来やワクワクを感じてくれるのかをじっくり考え、同じ目線で解決策を提案する。

想像してみてください。もし自分がお客さまなら、どんなふうに接してくれる担当者と話したいですか。どういう担当者なら、長く付き合いたいと思うでしょうか。

繰り返しますが、これは人間関係のすべての場面で同じです。努力家で真面目な人ほど陥りやすいワナですから、決して能力が低いのではなく、頑張る方向性がズレている可能性があるので、そこにも気を付けてくださいね。

相手を否定しない

★「肯定」→「感謝」→「応援」→「協力のお願い」が、自分のファンを増やすための成功のプロセスです。これまでの自分のコミュニケーションがどうだったか、ここで一度振り返ってみましょう。

「インフルエンサー」と普通の人とのコミュニケーションの違い

いわゆる「自分のファン」が多い人がいます。

世間的にいえば芸能人や有名人、スポーツ選手など、いわゆる「インフルエンサー」がそうです。また、営業や販売、接客の世界でいえば、支持してくれるお客さま(常連客)がたくさん付いている人たちですね。

この人たちのコミュニケーションスキルは、普通の人とどこが違うと思いますか。

私はこう考えています。

1つ目は、相手を「肯定」していること。

つまり、相手の間違いを正したり、批判したりしないことです。

2つ目は、相手に「感謝」していること。これは、通り一遍の感謝ではありません。

たとえば、忙しい日々の中、多くのお客さまの対応に追われていると、あなたにそんな気がなくても、ついつい事務的な接客になってしまうようなことはありませんか。

あなたにとっては何人も担当している中の一人のお客さまだとしても、お客さまにとって、あなたは「たった一人」の担当者です。

日本には1億2000万人以上の人口がいて、世の中には同業他社が何百、何千、何万とあります。お客さまはそんな中で皆さんのお店（会社）を選び、あなたがその日その方を担当することになった――。

これって、ものすごい確率での出会いです。本当に奇跡と言っていいほどですよね。そう考えると、一期一会であり、感謝しかありません。

もっと言えば、お客さまのことが大好きになりませんか。

違いはまだあります。

3つ目は、相手を応援していること。

つまり、「私が、私が……」と自分の立場や都合を主張したり、自分が主役になったりするのではなく、「一緒に」というスタンスでいることです。

たとえば、次の考え方をあなたはどう思いますか。

×お客さまの間違った知識・認識・行動をプロとして正してあげる

×自分がプロとしてお客さまを正しい方向に導いてあげたい

一見、正しそうな考え方ですが、これではファンは爆発的には増えないのです。

なぜ増えないかは、自分がお客さまの立場になって考えればわかります。

指摘されたことが仮に正しかったとしても、自分を否定し、上から目線で自分の知識や価値観を強引に押し付けてくる担当者と接していて、あなたは楽しいでしょうか。心地よい気持ちになりますか。

多くの人は、その後も、ずっと付き合いたいとは思わないと思います。

そして、

×「こちらの話を聞いてほしい」
×「何としても契約してほしい」

こんな気持ちはいったん横に置いて、お客さまにファンになってほしければ、まずは自分がお客さまのファンになりましょう。自分の方から「好きとHAPPY」をお渡ししましょう！　その想いはきっとお客さまに伝わります。

「相手のHAPPYファースト」に徹すると、それ以上のハッピーが返ってくる

その上で、お客さまにお伝えしたいのは、「協力」のお願いです。ただし、それは自分の利益のためだけではありません。

当たり前ですが、お客さまの悩みや希望、ニーズを満たすためには、お客さまご自身に行動していただくことが必要です。私たちは、そのお手伝いをすることしかできません。

主役であるお客さまにご協力いただけなければ、私たちは何もお手伝いができないことをお伝えした上で、商品やサービスを、自信を持ってご提案するのです。

「協力」の力って本当に凄いですよ。

仕事で成果を出し、人生で幸せになれるかどうかは、自分の能力の高さではなく、味方になってくれる人(ファン、協力者)がどれだけたくさんいるかで決まります。

「相手のHAPPYファースト」で動ける人には、それ以上のHAPPYが必ず返ってくるからです。

今回ご紹介した、

【肯定→感謝→応援→協力のお願い】

このプロセス（相手HAPPYファースト、自分HAPPYアフター）はいつも忘れないでくださいね。

真面目に日々がんばっているあなたの人生が、あなたのファンで一杯になることを願っています。

恋愛に喩《たと》えてみる

★仕事は生真面目だけでも上手くいきません。失敗は、日常生活や恋愛に喩えてバージョンアップを考えてみましょう。

プライベートでは「正しい反省」ができている人が多い不思議

先ほど、真面目で反省もしているのに同じ失敗を繰り返す人がいると書きました。

そういう人は、自分の中だけで反省していることが多いため、表面的なわかりやすいところを改善しようとして、問題の本質を理解していないことが多いのです。

その解決策としては、自分で十分に考えた後に、上司や仕事のできる先輩に相談することでしたね。そうすることで、気付かなかった本当の問題点に気づけるからです。

さて、ここでは上手に反省して失敗を繰り返さないようにするコツを、もう1つご紹介しましょう。

それは、「仕事での失敗は、日常生活や恋愛に喩えて改善策を考えてみる」ということです。

というのも、問題の本質とか改善とか、仕事の話だから難しく考えてしまいますが、実は私生活では、正しい反省ができている人が多いからです。

たとえば、料理中に熱い鍋をこぼして火傷《やけど》をした経験がある人は、次から注意して料理しますよね。「運が悪い」とは思うかもしれませんが、だからといって「持つところが滑《すべ》りやすい」とか「熱いのが悪い」などと鍋のせいにして、その後も同じ火傷を繰り返す人はあまりいないと思います。

熱い鍋を不注意に扱えば重篤《じゅうとく》な事態を招くことを、その人が本気で理解したからです。

恋愛でも、人はいろいろ痛い目に遭って、自分の幸せを真剣に考えていきます。

たとえば、

「自分とは価値観の違う男性から告白され、押しの強さに負けて付き合うことになったけれど、やっぱり合わなかった。次は穏やかで優しい人がいい」

と考えるような場合もあるでしょう。

要するに、基本的に同じ失敗はしないはずですよね。少なくとも自分と真剣に向き合い、友だちや家族にも相談する人が多いでしょう。

それと同じことを、仕事で失敗したときにも心がければいいのです。

「明るい未来」にコミットする

★何らかの悩みやニーズがあって来店している人に対して、プロとして解決策を提案するのは押し売りではありません。そこで相手に大事なことを提案しないのは誠実さとは違うのです。

お客さまの過去や現在に共感するだけでは悩みは解決しない

現在、過去、未来――。

営業や販売に携わっている皆さんは、お客さまへ商品・サービスをご紹介するときに、相手の「いつ」にフォーカスを当てて話をしていますか。

これは意外と間違えている人が多いと思います。

たとえば、初めて来店されたお客さまに対して、何かの商品――ここでは化粧品をお勧めするとしましょう。

そのときには、教えていただいたお客さまの状態や背景をきちんと理解し、お客さまの気持ちを受け止めて接客することが大事です。

ただし、よくありがちなのは、お客さまの気持ちに寄り添いすぎて、ただただ同情して終わってしまう接客です。そこには、「相手の立場になってみれば、お金もかかることだし、商品を強く勧めたら申し訳ない」という思いもあるのかもしれません。

しかし、ここで「ではまた気になったときにご検討ください」で終わる接客は本当の優しさなのでしょうか。お客さま第一主義といえるのでしょうか。

お客さまは、何かしら悩みや気になる理由があってわざわざお店に足を運んでくださっているのです。

押し売りのような勧誘と、お客さまの未来を本気で考える接客は、似ているようでまったく違います。お客さま第一主義ということは、言葉は同じでも精神が違うのです。

本当のお客さま第一主義の接客とは、お客さまの過去や現在に優しいだけではなく、「お客さまの未来に対しても優しい」ことです。お客さまご本人以上にお客さまの幸せを考え、明るい未来をつくっていくためのベストな提案をすることです。

つまり、こういうことです。

×自分は顧客第一主義である。だから、お客さまに寄り添い、押し売りや勧誘をしない（同情）。

○何らかの悩みやニーズがあって来店している人に対して、プロとして解決策などベストな提案をするのは押し売りではない（共感）。

「私はお客さまのお悩みが解決されないことが心配です。お客さまのことを考えると、この商品やサービスは必要だと思いませんか」

こうしたベストな提案をするのがプロであり、そのためには、自分に心の強さがなければいけません。それを受けて、最終決断をするのはお客さまです。

強い心をつくるのは確信と「できる先輩」から学ぶスキル

強い心が大切だといっても、何も根拠がないのに強い心は持てません。正しい知識やそれをお客さまが納得できるように伝えるスキルも必要です。

これらが確信となり強い心を支えるのです。

では、自分の知識と経験では自信を持って伝えられないときにはどうするか。

まずはダメなパターンです。

自分の価値観や少ない経験をもとに、自分なりの独りよがりな説得を試みる。恥をかきたくないので余計なことは言わない。自分の知っていることだけで対応する。

先ほど、「本当の謙虚さと強さ」の話の中でも例に出しましたが、これでは、お客さまに伝わりませんし、お客さまのためになりません。皆さんは、次のような姿勢やセリフを意識してください。

次は良いパターンです。

○自分に知識や経験がなければ、「教科書(本)」や「他人の知識や経験」を活用させてもらう。

○「お客さまに正確な（100%の）答えをお伝えしたいので、少しお時間をいただいてもよろしいですか？」と、その場を抜けてでも上司や先輩の知恵を借りる。

お客さまからいただくご質問やご相談は、あなたやあなたの仕事への期待の証《あかし》です。確信を導くために勇気を出し、先輩の助けを借りながら、お客さまにあなたの誠実さを伝えていきましょう。

ちなみに、「強い心で相手の明るい未来にフォーカスしていく」というのは、社内やプライベートの人間関係でも同じですよ。

上司や先輩が、部下や後輩のことを考えるときには、「相手以上に相手のことを考える人」になることが大切です。

最近は、「その人の個性を大切にする」という考え方が行き過ぎて（勘違いして）、上司がヘンに遠慮してしまい、その人にとって大切なことも強くアドバイスできない風潮があります。

しかし、嫌われたくないからといってそのまま放っておくような保身の接し方では、本人のためにならず、それは愛情でも誠実さでもありません。

勇気を持って、本人が明るい未来をつくっていくために必要なことに気付かせてあげることも必要です。自分に子供がいたら、そのようにするでしょう？

どんなときも、このことは大切なので忘れないでください。

仕事で誰かを幸せにする

★目の前の人や、世の中の大勢の人を幸せにできる素晴らしいスキル――。お金をもらってそれを学べるのが仕事です。そう考えたら、こんなに楽しいことはないと思います。自分の能力と可能性と仕事への誇りをもっともっと高めていきましょう。

あなたが仕事をしている目的は？

強い心を支えるものについて、もう少し考えてみたいと思います。

あなたは、お客さまに言いづらいことや聞きにくいことがあるときに、相手のためには必要なのに黙っていることはありませんか？

苦手なこと、失敗してしまったことがあったとき、改善しないでそのままにしていることはありませんか？

楽な方に流されて、自分で決めたはずの約束を守れていないことはないでしょうか？

人間は弱いので、誰にでもそんなときはあります。正直にいえば、私にもありますよ。

ただし、「いつも」流されているようでは、人は成長できません。

では、私たちはどうすれば周囲の声や自分の弱さに流されずに、お客さまの明るい未来を願う働き方ができるのか。

1つ、良い方法があります。少し立ち止まって、次の質問の答えを考えてみてください。


「あなたは、何のためにこの仕事をしているのですか？」


仕事はお金のためであり、生活のためだとわりきっている人もいるでしょう。

それも否定はしません。しかし、それだけでは人生は豊かなものになりません。

やりがいがなければ働いている時間が楽しくありませんし、将来の自分の成長をイメージできなければ、つらいことがあったときに我慢できないでしょう。

この質問の答えがすぐに思い浮かばない人は、自分のやっていることが、巡り巡って誰を喜ばせているかを想像してみてください。

目の前の人から感謝されることもあるでしょう。直接感謝されなくても、あなたのしていることは必ず世の中の誰かの役に立ち、誰かを喜ばせ、誰かを幸せにしています。

そのことを想像できるかどうかで、仕事のやりがいは天と地ほど違ってきます。

もっといえば、仕事とは、身近な人や世の中の人たちを幸せにするためのスキルを、お金(お給料)をもらいながら学ばせてもらっていることでもあるのです。

そう考えると、こんなにラッキーなことはないし、生活やお金のためだけが理由で働くのは、もったいないですよ。

若い皆さんには、仕事を通じて学んだこと(興味・関心も含めて)が、どのように相手の役に立つかを常に考え、強い心をつくっていってほしいと思います。

そして、自分の能力と可能性と仕事への誇りをもっともっと高めて、明るい将来を切り拓いてください。

「売らずに」売る

★お客さまから愛されるためのたった1つの秘訣は、商売はひとまず横に置き、相手の幸せだけを考えることです。そして、売ろうとする前に喜んでいただきましょう。まずお客さまの役に立ちましょう。

一生懸命な営業が、「押し売り・勧誘」と受け取られてしまう理由

やる気はあるのに「お客さまに商品を買っていただけない」——と悩んでいる営業や販売に携わっている皆さんは、もしかしたら「一生懸命すぎる」のかもしれません。

勘違いしないでくださいね。私は、いい加減に働いたり、お客さまに無理やり売りつけたりしていいと申し上げているのではありません。

お客さまにお勧めする商品やサービスについては、自分が良いと思い、それ

がお客さまのためになると思う誠実さや使命感がなければいけません。また、目標達成のためには、頑張り抜く気持ちや熱量、スキルが必要です。

ただし、考え方を間違えると、それは空回りしてしまいます。一生懸命な営業が、「押し売り・勧誘」と受け取られてしまうのです。

ここでは、その原因と改善策について考えていきましょう。

強気の提案と押し売りは違う

こんな場面を、想像してみてください。

二名のエステティシャンが、お客さまにエステプランを勧めています。

二人とも、自信のあるプランを提案しましたが、お客さまはまだ迷っているというシチュエーションです。

A「このエステプランはお客さまに本当にピッタリですよ。やらないと後悔するかもしれませんよ！　絶対にやったほうがいいです！」

B「何かご不安な点などございますか？　私も言葉足らずなところがあるか

と思います。お客さまのお気持ちをしっかりお伺いした上でお話ができたらと思いますので、些細なことでも気になる点があればお教えいただけませんでしょうか？」

信頼されるのは、もちろんBさんの方です。

AさんもBさんも、意気込みを持って接客に臨んだところは共通していますが、大きく違うところは、

A　先に来るのは、自分の損得（自分目線）
B　先に来るのは、お客さまの幸せ（相手目線）

というところです。

Aさんは、契約をとりたいという自分の利益が先行してしまっています。これでは、お客さまが引いてしまいますし、もっといえば、「押し売り・勧誘された」と不快に思われても仕方がありません。このお客さまが、過去に嫌な思いをしていたらなおさらです。

一方で、Bさんは自分の利益が一番ではなく、まずは目の前のお客さまのことを考え、お客さまの本心を教えていただいて、幸せになっていただくことが目的になっていました。

だから、お客さまの本当の気持ちや要望を聞き出しやすくなり、Aさんよりも信頼関係をつくることが可能になります。その上で自信のあるベストなプランを熱心に提案するので、お客さまは提案を断ったとしても気まずい気持ちにはならないのです。

Aさんは、仕事への熱意があり、一生懸命です。しかし、一生懸命すぎるあまり、自分の気持ちや都合を優先してしまっています。

強気の提案と押し売りは違うのです。

売ろうとするよりも、まず喜んでいただく。まず役に立つ

また、強気の提案を押し売りと思われたくなければ、売ろうとする前に、しっかりお客さまの話を聴き、お客さまに喜ばれること、役に立つことを考えましょう。

もしそれができたら一人のお客さまに感動が生まれ、リピーターとなり、その感動は口コミで、ご家族や友人へ、今の時代ならＳＮＳで広がっていきます。

「ありがとう！」
「担当がすごく親切な人だった。ここまでやってくれるの？　と感動した」
「この人が『いい』と言っているのだから、自分も……」

要するに「売らなくても売れる」、そして「お客さまが営業をしてくださる」という状態や仕組みをつくることができます。

私は、それを「感動サービス」と呼んでいます。

私たちの美容業界には、スタッフたちをノルマなどで追い立てる風土がまだまだ残っています。学生さんなどの中には、それを噂で聞いているので就職先として敬遠する人もいます。

私は、業界のその体質は変えていかなければいけないと思ってきましたし、まずは自分たちからそうしようと30年近く続けてきました。

読者の皆さんも、この「感動サービス」を心がけて、営業や販売、接客が好きになってほしいと思います。そして、ご自分の業界や会社のやり方がヘンだなと思ったら、あなたの周りから変えていってください。

絶対に諦めない

★「売らずに売る」ことにこだわる理由は、私自身がそれを実践することで大ピンチの中で人生を切り拓くことができたから。そして、今までの美容業界含め、営業の世界の悪しき営業手法を変えていきたいと思うからです。

私が「売らずに売る」ことにこだわる理由

それは、自分が営業マンとしてそうしてきた過去があるからです。

先述の通り、大手アパレルメーカーで働いていた私は、20代半ばで美容業界に飛び込むことになりました。

父が経営していた会社が廃業に追い込まれ、実家を失い、一家離散となったことがその理由でした。実家を立て直すためにも、私がもっとお金を稼ぐ必要があったのです。

どうしようか……と途方にくれていたのですが、そんなときに、大学時代の先輩から「美容業界に入らないか？」という誘いを受けました。歩合制の営業なら成功すれば実家も立て直せるかもしれません。それで大手エステ企業に転職することにしました。

ところが、仕事を始めて早々に、大きな壁にぶつかります。

男性の私が女性にエステを売るのは、とても難しかったのです。しかも、周りはほとんど女性の営業ですから、「男性が女性にどう売ればいいのか」は教えてもらえません。

私は、まずどうしたら女性のお客さまから気持ち悪がられずに話を聞いてもらえるかを考えました。

なにせ最初の頃は、お客さまは怖がっているのか、話をしている間バッグを抱きしめていて、いつでも帰れる体勢をとっているのです。これには参りました。

3カ月は売上ゼロです。歩合制だから給料もゼロ。本当に追い込まれましたね。

そこで思いついたのが、

「男性で、気持ち悪くてごめんなさい」

と、自分から先に謝ってしまうことです。

すると、相手がクスっと笑ってくれることがわかってきました。

次に考えたのが、とにかく低姿勢で話すこと。

「僕でよかったらお話ししますし、嫌だったら代わります。もしも嫌でしたらお帰りになっていただいても結構ですし……」

お客さまが話を聞いてくれる姿勢をどうつくればいいのかは、本当に考え抜きました。自分は人生をかけて転職してしまっていますから、諦めるわけにはいきません。

そして、お客さまとの心理的な距離を縮めようといろいろ考えているうちに、辿り着いたのが次のような話法です。

「男性が女性にエステをお勧めするのは変わっているかもしれませんが、『日本人の男性の代表として、男性が女性に求めることを私がお話しさせてもらう』というテーマでいかがでしょうか!?」

この視点からのアプローチは評判がよかったですね。

皆さん笑って、「あっ、それはお願いします」とおっしゃってくれましたから。

また、服装も工夫をするようになりました。最初は堅苦しいスーツを着て接客をしていたのですが、お客さまがびっくりしていた様子だったので、ジャケットを脱いで白衣を着てみると、反応が違うのです。

見た目も大事なんだなとわかったのも、このときです。


そして、もう1つわかったのが、お客さまはこちらが「売りたい」「何とか売らなきゃ」と思っていると、帰ってしまうということでした。

かつてのアパレル時代での洋服の販売も同じでしたね。お客さまが服を見ていると、店員が飛んできていろいろ話しかけてくるので帰りたくなる。

私は、自分が結果を出すために「売らずに売る」ということを突き詰めて考え始めたのですが、それと同時に、当時のエステ業界に横行していた強引な勧誘や押し売り的な営業手法に対して、ジレンマを感じていました。

だからこそ、自分が会社をつくったときには、「売らずに売る」手法を会社として実行していこうと思ったのです。

美容業界に限らず、日本のサービス業からこのような強引な営業手法がなくなれば、お客さまは喜ぶし、もっと消費しやすくなり、日本の経済や景気が良くなるのではないか、と。

いかに買っていただくかという行為は一緒ですが、その前提となる考え方、心構えによって、お客さまの満足感や幸福感は変わってきますからね。

皆さん、何度も繰り返しますが、一緒に日本の営業手法を良い方向にバージョンアップしていきましょう。お客さまと、働くスタッフの幸せのために。

第4章

ありのままでいい

見えないものを見る

★仕事でも、人生でも、目に見えるものよりも、「見えないもの」の方が大事だったりします。成功する人は、見えない部分を見ています。見えない部分にこだわっているのです。あなたもそんな習慣をつけていきましょう。

より大事なのは、見えるものよりも「見えないもの」である

すでに書いたように、私は元々アパレル業界に長年いたこともあり、ファッションにはとても興味を持っています。

ふだん街を歩いているときも、おしゃれな人を見かけると、服の色合わせや、生地や丈のバランス、サイジング、コーディネートなどについつい目が行ってしまいます。

皆さんの中にも、そうやって自分のファッションセンスを磨いている人がい

らっしゃるのではないでしょうか。

ところで、私は「究極のおしゃれ」とは、実は目には見えないところにあると思っています。その人の立ち居振る舞いやマナー、言葉遣い、人の話を聴く姿勢、受け答えの仕方、といったことです。

たとえば、ステキな洋服を着ていても、乱暴な言葉や気遣いのできない立居振る舞いをしている人は、おしゃれな人には見えません。

逆に、廉価《れんか》な服を身にまとっていても、ステキな人もいます。

その人は、雰囲気、品格、マナーなどの「見えないもの」を身に付けており、また、私たちもその人の持つ見えない部分を見ているからです。

・見えないものを身に付けることの素晴らしさ
・見えないものを見ることの重要性

皆さんには、この2つを理解し、人生に活かしていってほしいのです。

たとえば、ビジネスを例にとると、多くの人は「目標、計画、行動、結果」といった、目に見えるわかりやすいことに焦点を当てがちです。

しかし、「原因追求、反省、改善」もっといえば「マインド」といった、目に見えないものも、しっかり見ていくべきでしょう。

要するに、「できた、できなかった」で終わるのではなく、「なぜできなかった？」をマインドや人間関係、方法などを振り返って反省（情報）↓分析↓対策をしていく必要があるわけです。

「反省」と聞くと、学校教育の影響か、指摘されて落ち込むといったマイナスのイメージをお持ちかもしれませんが、そうではありません。反省と分析は、結果を真摯に受け止め、他人のせいにせず、自分の改善の余地を探していく前向きかつポジティブなステップなのです。

もちろん、反省と分析をする際には、目に見える世界のことばかりではなく、やはり目に見えないものに注目していってください。

その割合を私なりに区分けするとこうなります。

目に見えるもの（出来事・結果）　3割

目に見えないもの（マインド・プロセス・頑張る方向性・使命感）　7割

なお、別の項目でも書きましたが、一人で反省するのは止めましょう。アドバイスをもらい、他人の目を入れてこそ、視野が広り、見えないものが見えてくるのです。

見せない努力を見る

★自分が成長するためには、優れた他人を真似するのが一番の近道です。ただし、真似するのはむしろ「見えない部分」ですよ。「ことさら他人に見せることをしない部分」といってもいいでしょう。その人が陰でどんな努力をしているかを調べて、そこを真似しましょう。

言葉だけでわかる、ダルビッシュ有選手が一流中の一流である理由

他にも「見えないもの」が大事である理由について、ご紹介したい話があります。より正確にいえば、「他人が見せない努力を見る」です。

2023年3月に、ワールド・ベースボール・クラシック(WBC)が行われ、日本代表チーム(侍ジャパン)が見事3回目の世界一に輝きました。その際に、チームの精神的な支柱となっていたのがメジャーリーグでも活躍するダルビッ

シュ有《ゆう》選手です。

彼は日本一どころか世界でもトップクラスの投手ですが、私は野球の素人《しろうと》なので、技術的に彼がどれくらいすごいのかは正直わかりません。

ただし、彼がある番組の中で語っていた言葉を漏れ聞いて、やはり超一流になる人は見るところが違うと思ったのです。

その話を簡単に紹介すると、日本代表チームにあの有名なメジャーリーガーの大谷翔平選手が合流してきたとき、他の代表選手たちは、大谷選手のバッティングやピッチングのすごさに驚くやら、憧れるやらで盛り上がっていたそうです。

同じプロ野球選手が野球少年のようになってしまうのですから、やはり大谷選手が規格外のすごさなのですよね。しかし、ダルビッシュ選手は、その態度をやんわりと指摘していました。

このあたりはうろ覚えなのですが、大谷選手に憧れるなら、見えないところで彼がどれだけの練習をどのようにやっていて、何を食べて、いつどのように体を休めているのか――という部分を見ないといけないという話でした。まさに、目に見えないプロセスが大切ということですね。

すごいと思いませんか。

そして、この話で私が思ったのは、プロ野球選手になるような、エリート中のエリートたちであっても、見えないところをちゃんと見ているわけではない、というより、すごいものを見たときにはそのことを忘れてしまうということでした。

ということは、私たちのような凡人は、つい見えるところだけを見てしまっても当たり前なのです。だからこそいつも意識して、見えない大切なものを見るようにしなければいけないのです。

見られていないときも大事にする

★お客さまの姿が見えなくなるまでお辞儀をする、あるいは、誰も見ていなくても、一礼してから業務に取りかかる――。業態が違えば同じことをする必要はありませんが、こうした日本的なおもてなしの精神は大事にしていきたいものですね。

新幹線の車掌や清掃業務の人たちが、誰も見ていなくてもしていること

私たち「フューチャーブレーン」は、世界から日本のブランド（信頼）を取り戻すことも使命としています。

世界から見た日本ブランドの本来の良さとは、なんだと思われますか？

私はよく新幹線を利用するのですが、車掌さんが車両を移る際、扉の前で必ず振り返り、一礼する姿をよく見かけます。また、東京や新大阪に到着した際に車内の清掃業務に入るスタッフの作業スピードや礼儀正しさは世界一でしょ

う。

さらには、街で買い物をした際に、雨の日は紙袋の外側にビニールを被せるサービスにも、外国人は驚くと聞いたことがあります。私たちは、当たり前だと思ってしまっている日本のサービスは、決して当たり前ではないのです。

海外でも、超高級のお店やホテルなどでは高いホスピタリティがありますが、日本のすごさは、庶民的なごく普通の店であっても、高いレベルで皆がおこなっていることでしょう。

なお、私たちの自社店舗でも、また、コンサルティングさせていただく他の店舗さまでも、お客さまが見えなくなるまで深々と頭を下げ、感謝の気持ちを届けています。

誰が見ているわけでもないですが、深々とお辞儀するような目に見えない気遣いや思いやりこそ、日本の誇るおもてなしであり、手抜きのない感動サービスです。

人が見ていないときこそ人の本心が見えます。しかし、現代の日本は、残念ですが、合理主義および効率主義が先行して、そういった目に見えない人の思いや努力が軽んじられているように感じます。

どれだけお客さまや相手の事情や背景をイメージし、人との出会いや一期一会に感謝できるのか。

だからこそ、目に見えないところを見るための観察力と想像力と空間認知能力を養うことが、特に若いうちは本当に大事だと思います。

見えない部分にこだわる

★偉大な芸術家は、作品の見えない部分に徹底的にこだわっています。見えない部分に魂を込めることで、作品自体の力が変わってくることを知っているからです。あなたが「見えないところ」でこだわっていることは何でしょうか？

超一流の芸術家は、凡庸《ぼんよう》な人が気にしない部分に執着する

私の趣味の1つに芸術鑑賞があります。

作品の奥にある「目には見えない部分」や「作品が完成するまでの背景」を知るのがとても好きなのです。

美術史に名前が残るような芸術家には、特にそういったエピソードがたくさんあります。

目には見えないところにまで、手を抜かずこだわり抜くという美学を持って

いるからこそ、偉大な作品をたくさん残しているのでしょうし、そのストイックな姿勢は、私も一人の人間として見習いたいと思っています。

皆さんは、日光東照宮《にっこうとうしょうぐう》にある「眠り猫」という作品をご存知でしょうか。

日光東照宮といえば、「見ざる、聞かざる、言わざる」の三猿が有名ですが、実は「眠り猫」も国宝の指定を受けているほど有名な彫刻なのです。

この作品「眠り猫」の作者は、江戸時代の伝説の彫刻家、左甚五郎《ひだりじんごろう》だと言い伝えられています。

この方の彫刻作品には魂が宿るといわれ、夜な夜な彫刻が本物のように動き出すといった奇怪な噂が立つほど、優れた腕を持った彫刻家だったそうです。

この「眠り猫」の目が開いた！　閉じた！　と、作品を見た人の間で話題になるのは、四方どの方向から見ても目には見えない裏側の部分まで手を抜かず、まるで本物のように細かく丁寧に彫刻されているからだといわれています。

また、かの有名なレオナルド・ダ・ヴィンチが描いた誰もが知る「モナ・リザ」は、実は4層目の絵だというのはご存知でしょうか。

私たちが知るモナ・リザの下には、実は完全に完成された3枚の絵画が隠されていることがわかっています。

この3枚の絵は、モナ・リザという作品を見ても目にすることはできません。

しかし、彼にとってこの3枚の絵は、この作品が完成されるためには、必要なプロセスであったことは確かです。

あなたがひそかにこだわっているのは何だろう？

現在、私の父も画家をしていますが、子供の身長と同じくらいの大きな絵を描く前に必ず、ハガキサイズの小さな絵から描き始めるそうです。

目に見えない過程は、完成された絵を見てもわかりませんが、この目には見えない部分までの芸術家たちのこだわりがなければ、私たちを感動させてくれる作品にはなっていないであろうことは想像がつきます。

これは芸術家に限らず、どんな仕事であっても同じだと思います。

お客さまに感動を与えるほどの仕事には、必ず、その人だけの「見えない部分」でのこだわりがあります。

あなたの職場でも、それをテーマに話し合って、上司・同僚の目に見えないこだわりなどを共有してみると面白いかもしれません。

ありのままで生きる

★一番楽な生き方は、表も裏もなく、嘘もごまかしもなく、誰に対しても同じことが話せ、同じ対応ができることでしょう。少なくとも、裏でお客さまの悪口を言ったり、営業トークと本音がかけ離れている仕事は止めましょう。

「見えない信頼」がお客さまに伝わる理由

あなたがお客さまとして買い物をするとき、あるいは、何かのサービスを受けるときに、心の中ではこんなふうに考えるのではありませんか。

「この担当者はこの商品やサービスを心から良いと思って案内してくれているのか。それとも、自身の売上実績のために私に売りたいのだろうか？」

ただ不思議なことに、本当に素晴らしい、レベルの高い営業マンや販売員の場合、お客さまは、ちょっとした会話の中で「この人は大丈夫だろう」とわかります。

もちろん、「信じてだまされた」というような話も世の中にはたくさんありますから、「大丈夫だ」という確信も怪しいものです。しかし、お客さまの側にこそこの人生経験がある場合には、少なくとも本当にレベルの高い営業マンや販売員を直観で見抜くことができると思っています。

これまで積み上げてきた信頼や信用は、目には見えなくてもお客さまには伝わるのです。

今の自分は、裏が表になっても恥ずかしくない自分か？

とはいえ、誰もが彼女らや彼らのような存在になれるわけではありません。圧倒的な努力に加えて、才能や運もあるでしょう。

では、例によって私たちのような凡人はどうすべきなのか。

私自身の話を申し上げれば、

普段から裏表のない自分でいよう

と意識しています。

裏が表に出ても何も問題ない、いわゆる、裏表が逆になっても、恥ずかしくない自分でいるかどうかが、自分を律する判断基準となっています。

たとえば、他人に対して言っていることと、自分のやっていることが違わないか？　とか、言っていることが、場面によって違っていないか？　ということです。

もっとわかりやすくいえば、オープンキッチンのレストランのように、お客さまに厨房を見せても恥ずかしくないように働き、生きるということです。

人間ですから100％そうできているわけではありません。自らの行動に気付きやすいように基準をつくり、わかったときには直せるようにしているのです。

弊社でも先日、普段見せない裏側の自分を表に出したときに、少し恥ずかしいなと思う習慣について話し合ってみました。

「ついダラダラと過ごしてあっという間に休日が終わってしまう」

「毎日筋トレすると決めたけど、いつの間にかやめてしまった」

スタッフたちからは、こんな話がたくさん出てきました。

このように自分の恥ずかしい部分や、表向きは取り繕っているけれど実はできていない部分を認識して、正していきましょう。

かつての私がそうだったように、自分の行動や生き方が少しずつバージョンアップしていくと思います。

100年生きる

今までより勉強する、世の中に合わせる、人と協力し合う

先日、当社のスタッフからこんな質問をもらいました。

「人生100年時代」――私たちは今後何を考え、何を準備することが大切ですか？

近年、医学の進歩が進み、寿命がどんどん延びてきています。

ただし、寿命だけが延びてもダメだと思っています。重要なのは「健康寿命（健康上の問題で日常生活が制限されることなく生活できる期間・厚労省ＨＰより）」です。この健康寿命が延びるといったいどうなるのか。

もちろん、趣味や旅行や孫の相手などで楽しい時間が増える面もありますが、一方で、インフレや年金額の不足、少子化による労働者不足などのために、高齢者が働かざるを得ない社会になっていくでしょう。

現役世代の働き方も変わってくるはずです。

実際、厚生労働省は、20代から将来のビジョン計画とそれに伴うキャリアプランを考えることを任意として最重要課題に掲げています。

2001年より、「職業能力開発促進法第12条」にて1社につき職業能力開発推進者選任の努力義務化を通達しています。

これは、終身雇用の時代はすでに終わり、各個人で職業能力やキャリアをアップして将来の生活は自分で切り拓いていかないと、国を含め誰も自分の補償をしてくれないことを意味しています。

×「正社員だから」
×「有名な企業に内定したから」
×「大手企業に就業できているから」

こうした安定思考的な考え方は、まったく通用しなくなるのです。

国が各個人にキャリア形成や職業能力アップをゆだねている以上、厳しい話に聞こえますが、これまでの常識は通用しなくなります。これが日本の現状です。

では、若い人たちは、いったい何をどう準備すればいいのか。

3つのポイントを挙げようと思います。

①勉強する

まずは、勉強することです。

仕事そのものに関する知識は当然ですが、仕事以外のことも——趣味も含めて勉強していきましょう。今は、ＹｏｕＴｕｂｅなどで無料で勉強できる時代です。少しずつでも、すき間時間であっても、勉強を積み重ねていきましょう。

何年も過ぎた頃には、とてつもない差になります。

しかも、今は社会がどんどん複雑化し、高度になり、知識化が進んでいます。世の中の変化のスピードもどんどん上がっています。

そこに人生が１００年続くのです。健康寿命が延びれば、70歳や75歳まで働く（現役として活動する）のが当たり前の時代になります。

ハッキリしているのは、社会の変化についていくためには、学び直し（リカレント）も含め、新しいことを勉強し続けなければいけないということです。

②バージョンアップする

2つ目は、アップデートすることです。

どんなものも受け入れようとする器の広さ、そこから生み出す新しい価値観。

これを繰り返すことにしか成長はありません。

なにも難しいことではありません。成長のかけらは皆さんの生活にもゴロゴロ転がっています。どんな事からも、どんな人からも学べます。

たとえば、映画やドラマを観ていて、

「あ～この人素敵だな」

「こんなことできたらかっこいいな」

と、そう思うことはありませんか。

たとえば、私が最近観たドラマの中では、『VIVANT（ヴィヴァン）』（堺雅人主演・TBSテレビ）という作品が最高の出来だったと思います。

ネタばれをしたらこれからご覧になる人のご迷惑になるといけないので、その内容については書きません。ただ、主人公をはじめとする主要な登場人物たちが、それぞれの目的（任務）のために信念を貫き通す姿は、敵・味方関係なく、かっこよく思うことでしょう。

そのような瞬間を「いいな～」だけで終わらせるのか、それとも「自分ごと」として自分に取り入れるのか。その違いが、今後の人生を大きく左右すると断言します！

心を動かされる出来事が起きた瞬間、次のように感じることがあるかもしれません。

○「すぐに自分もやってみよう！」
×「確かにすごいけど別に自分には関係ない」
×「私は私だから」

もし、何も行動しなければ、残念ながら未来の自分が、より良くなることはありません。

昨日より今日、今日より明日、1時間前より今、5分前より今――。

未来の自分を良くするために、人のいいなと思った行動から影響を受け続け、即座に自分の行動を変えることを私は心がけています。

それはどんな些細なことでもいいのです。

自分の強みや特長を活かしながら、「これができるといいな」という新しいものを取り入れていきましょう。

③ 人の力を借りる

3つ目は、人の力を借りることです。

人は一人の力だけでは生きていけません。また、「私は私」と自分一人だけの力で考えるのは、あまりにもできることが少なすぎます。

人間一人でできることには限りがあるからこそ、周りのさまざまなことから自分を良くするきっかけを拾い、自分をアップデートし、人の力を借りてエネルギーチャージしていきましょう。

そして、人と連携し、お互いを補い合って生き残っていきましょう。

社会人とは、学生とは違い、一人ではできないことを他人の力を借りて（二人以上で）大きなことを成す存在なのです。

おわりに
成長し続ける覚悟を持とう

最後に私の家族のことについて、もう少しお話ししておこうと思います。

本編でも記したとおり、私が20代半ばのときに父の会社が倒産し、わが家はすべての財産を失いました。

その話を本書に書くのは父に申し訳ないと思います。つらい思いがよみがえってきますから、私もできれば触れたくありません。

しかし、若い人たちの未来のための「教材」「教訓」としてその経験を語ることを、父は怒らないでしょう。

父が営んでいたのは、アパレル関連の事業でした。

大手電機メーカー社員から脱サラして起業し、すぐに東京の表参道に会社を構えるまでになりました。勉強家でもありましたが、商売のセンスがあったのでしょう。80年代半ばから90年代にかけてはバブル景気もあって、ベルトやスカーフなどの小物服飾雑貨が飛ぶように売れていったのを憶えています。

それまでの四畳半生活から暮らし向きも良くなり、私も私立の附属高校と大学に行かせてもらえました。

しかし、私が大学生の頃になると商品のブームも過ぎ去り、思うように売れなくなっていきます。

「父さん、何か新しいことを始めた方がいいよ」

私は何度も提案しましたが、父は頑固でした。

「景気が良くなれば上手いく。なんとかなる！」

そう言って、楽観主義の姿勢を崩さず、やり方を変えることはありませんでした。

結果として、父の会社は連鎖倒産という形で廃業に追い込まれます。

一家離散状態になり、会社をはじめ、実家、車など今までの人生で築き上げてきたもののすべてを失ったのです。

この経験から私が得た教訓は、次のようなことでした。

・「なんとかなる」という楽観的思考は危険だ。現状維持は衰退の始まりである
・人生のテーマはバージョンアップである。「今の時代」に遅れず、きちんと生きることが大切だ

世の中はどんどん変わっていきます。流行も価値観もルールも変わります。「自分は安定志向なので現状維持でいい」「今までのやり方を守っていく」と甘く考えていると、どんどん取り残されていきます。

たとえば、昭和の時代は多くの電車の中に灰皿があって、どの車両でもみんな普通にタバコを吸っていました。

しかし、今どきそんなことをしている人はいません。タバコを吸うことが大人への憧れだったり、かっこいいと考えたりする価値観すらないでしょう。

技術もどんどん進化しています。

パソコンやスマートフォンを一切使わない人は、それも1つの生き方ではありますが、仕事の選択肢はますます狭くなっていくはずです。もっといえば、生きづらくなっていきます。

だから、人間は自分の明るい未来のために、自分をバージョンアップして、その時代に遅れずに生きる必要があるのです。

それは、どんなに優秀な人でも、どんなに成功を収めている人でも例外ではありません。

事実、父は優秀でした。ゼロから起業して成功し、20年ほどの期間であっても会社を維持したのですから私は誇りに思います。なにせ創業して10年続く会社は約20社に1社しかないのです。

そんな父のミスは、過去の成功体験を捨てられず、世の中の急激な変化に対応しなかったことでした。バブル経済が崩壊した不運はありましたが、改善と進化ができなかった。それは経営者として失敗だったと思います。

自分らしくいていい、できることを少しずつ増やしていこう

では、自分がバージョンアップしていくためには、いったいどんな心構えが必要なのでしょうか。

ここでは2つのことを挙げたいと思います。

1つ目は、「仕事に対する覚悟」を持つことです。

とにかく目の前の仕事に責任を持ち、全力で向き合うことで、自分自身が成長していきます。何事もいい加減に向き合っている人と比べると、時間が経つほど、すごく大きな差となっていくのです。

2つ目は、自分を少しずつ「バージョンアップ」することです。

現在、あらゆるモノが飽和し、価値が下がることで、物価に左右されない人間の価値は上がっていきます。世の中はそうしてバランスを取っています。しかし、残念ながらすべての人の価値の底上げはされません。魅力的な人の価値だけが上がるのです。

では、魅力的な人とは、どのような人でしょうか？　それは、多機能な人だと考えています。新しいスキルの習得や、円滑に仕事を進めるための心遣いや笑顔。たとえるなら、スマートフォンにアプリを追加したり、バージョンアップをしたりして、機能を増やしていくイメージです。

自分を変えることは苦しいことですが、自分に新しい機能や能力をプラスし、できることが増えると、仕事や人生が楽しくなります。

モノやサービスをただ売ろうとしても、商品の魅力だけでは、誰も買ってくれません。それは、商品力だけに頼れない時代だということなのです。

モノの魅力はもちろんのこと、売り手の魅力も必要な時代です。この人から買いたいというお客様の気持ちは、いつの時代も応援エネルギー、いわゆる売上アップに繋がっていくのです。

さらに、自分自身を楽しくバージョンアップしていくと、日々の仕事も良い方向に進化し、人生の質と量ともに大きな成果が生まれます。

そして、5年後、さらに10年後には、あなたの影響力は仕事や、私生活にも広がっていき、自分だけではなく家族、同僚、お客さま、日本や世界の人々を幸せにします。知らず知らずのうちに、「会社になくてはならない人材」になっていくのです。さらには、「日本になくてはならない人材」、いや「世界になくてはならない人材」になっていくでしょう。

話が大きすぎるとは思わず、決して自分の未来を自分で否定しないでください。あなたたちのような、若い人には無限の可能性があるのです。

今あるこの世の中は、政治も、大企業も、商品も、サービスも、文化も、何者でもなかった若者たちがつくってきたのですから。

皆さんの明るい未来を心から応援しています！

Don’t Stop Believin’

自分の未来を信じることをやめないで！

ありのままで、なりたい自分に！

ありのままで、自己実現！

株式会社フューチャーブレーン QRコード

大手口コミサイト「OpenWork」美容・エステ・リラクゼーション業界総合評価1位（1,290社中 / 2024年現在）獲得中。
感動サービス開発企業である弊社や人材育成メソッドにご興味のある方は、以下にQRコ ードを掲載させて頂きますので、ぜひ一度お気軽にお問い合わせ下さい。

感動サービス開発企業
株式会社フューチャーブレーン

佐藤剛
インスタグラム

ヘッドスパ専門店
ワヤンプリ

ブライダルエステ専門店
ワヤンサラ

ピラティス&コラーゲン岩盤ヨガ
ワヤンリゾートヨガ

株式会社フューチャーブレーン 代表取締役／CEO

佐藤 剛(さとう ごう)

1969年・東京生まれ、中央大学卒業。国家資格キャリアコンサルタント。サービス業専門経営コンサルタント。内閣府認定　公益社団法人日本毛髪科学協会　毛髪診断士認定講師。

中央大学卒業後、一部上場大手アパレルメーカーへ入社し、世界的に有名なファッションブランドの企画責任者を経て、新ブランドのプロデュースなどを手掛ける。実家のファッション事業失敗により、26歳で大手企業を退職し美容業界に転身。裸一貫の壮絶な時代を経て、ブランドプロデュース経験とエステサロン起業経験から独自の成功メソッドを構築。無借金にて、創業9年にして従業員数100名の企業を作りあげる。現在、大手エステ企業を含む300店舗以上のコンサルティング実績があり、「ありのままでなりたい自分を叶える自己実現育成プログラム」「最速で売らないで売れる人材になれるメソッド」など人材育成を得意とする店舗経営の専門家。また創業18年、実績20万人を超える日本で初めてのヘッドスパ専門店「ワヤンプリ」やブライダルエステ専門店「ワヤンサラ」、ピラティス＆コラーゲン岩盤ヨガ「ワヤンリゾートヨガ」など美容ヘルスケア業界を通じて、日本人の健康寿命を伸ばし生活の質(QOL)を高めていく世界を変える仕事で、一人でも多くの人の人生を幸せに導くことを使命とする感動サービスプロデューサー。

GO HAPPY
仕事と人生を同時に幸せにする 愛され感動コミュニケーション術

2024年3月1日　第1版第1刷発行

著　者　　佐藤　剛
発　行　　株式会社ＰＨＰエディターズ・グループ
〒135-0061　東京都江東区豊洲5-6-52
☎03-6204-2931
https://www.peg.co.jp/
印　刷
製　本　　シナノ印刷株式会社

ISBN 978-4-910739-48-9